TEXTES LITTERAIRES

Collection dirigée par Keith Cameron

XCVI

LA TROADE

Frontispice de l'édition de 1641, Taylorian Library, Oxford.

SALLEBRAY

LA TROADE

Edition critique
par
Susanna Phillippo
et
James J. Supple

UNIVERSITY
of
EXETER
PRESS

REMERCIEMENTS

Nous tenons à remercier ici tous ceux qui ont contribué à l'élaboration de ce travail: Karin Maag, David Maskell, Malcolm Heath, Martine Joatton et Emma Supple.

Il nous faut reconnaître une immense dette de reconnaissance à Elizabeth Craik, co-directrice de la thèse de doctorat dont cette édition est issue.

Nous remercions également la Taylorian Library, Oxford, qui a eu l'amabilité de nous transmettre une photographie de l'édition de *La Troade* de 1641 et de nous accorder la permission de reproduire le frontispice.

First published in 1995 by
University of Exeter Press
Reed Hall
Streatham Drive
Exeter EX4 4QR
UK

British Library Cataloguing in
Publication Data
A catalogue record for this book is available
from the British Library

ISSN 0309 6998
ISBN 0 85989 495 9

Typeset by Sabine Orchard
Printed in the UK
by Antony Rowe Ltd, Chippenham

INTRODUCTION

"Les trais que j'ai lancés retournent contre moy,
Je brûle par le feu que j'allumay dans Troye
Je suis de mon vaincu le butin et la proye,
Et je ressens le mal dont j'ay causé l'effroy"
(Agamemnon, dans Sallebray: *La Troade,* vv. 169-172)

"Je souffre tous les maux que j'ai faits devant Troie:
Vaincu, chargé de fers, de regrets consumé,
Brûlé de plus de feux que je n'en allumai [...]"
(Pyrrhus, dans Racine: *Andromaque*, vv. 318-320)

Il est fort possible que, sans l'existence de Racine et de son *Andromaque*,
très peu de lecteurs auraient entendu parler de Sallebray[1]. De l'homme, on
ne connaît presque rien. Il semble avoir été valet de la chambre du roi en
1657, et il a contribué des poèmes liminaires à la première édition de la
Marie Stuard de Regnault (1638) et à la *Quixaire* de Gillet (1640). Mais
ce sont nos seules indications[2]. De son œuvre, quatre pièces ont survécu:
Le Jugement de Paris et le Ravissement d'Hélène (1639); *La Troade*
(1640); *L'Amante Ennemie*, et *La Belle Egyptienne* (publiées ensemble en
1642)[3]. Toutes ces pièces sont, à l'exception de *La Troade*, des tragi-
comédies qui contiennent un important élément musical et, dans le cas de
La Belle Egyptienne et du *Jugement de Paris*, des ballets. Ces éléments de

---

1   Sur les parallèles entre *La Troade* et *Andromaque*, voir R.C. Knight, "Brûlé de plus de feux ...", dans
     F. Mackenzie *et al* (éd.), *Studies [...] presented to R.L.G. Ritchie*, Cambridge, 1949, pp. 107-118.
2   H.C. Lancaster, *A History of French Dramatic Literature in the Seventeenth Century*, Baltimore,
     1929-1942, Deuxième partie, t. I, p. 159, n. 11.
3   Comme l'indique le privilège, *La Troade* fut "representée par la troupe Royalle", donc par l'Hôtel de
     Bourgogne, probablement dans la deuxième moitié de 1639 (Lancaster, *op.cit.*, p. 159, n. 11).

spectacle étaient dans le goût de l'époque [4]. Il n'est guère étonnant alors que *Le Jugement de Paris*, qui comprenait plus de vingt machines et un ballet où figuraient des dragons et des démons, ait été repris à l'Hôtel de Bourgogne en 1657[5].

Insensiblement, cependant, le goût changeait, et la tragédie arrivait de plus en plus à rivaliser avec la tragi-comédie. C'était vraisemblablement pour profiter du prestige croissant de la tragédie que Sallebray composa *La Troade*. Il annonçait effectivement dans l'"Au Lecteur" du *Jugement de Paris* qu'il préparait une autre pièce qui y ferait suite et qui respecterait les règles. Celles-ci échappaient pour l'instant à la rigidité que d'Aubignac allait essayer d'y imposer une quinzaine d'années plus tard[6], et Sallebray pouvait très bien croire qu'il avait respecté les règles telles qu'on les comprenait à l'époque. Sallebray n'a pas de peine à respecter l'unité de temps, mais il adopte la forme moins restreinte de l'unité de lieu caractéristique de la période s'étendant de 1630 à 1645. Comme il l'indique au début de la pièce, "La SCENE est en Phrygie, devant la ville de Troye qui acheve de brûler". Plus précisément, on se trouve devant la tente d'Agamemnon et près de "ces tantes prochaines" (v. 193) où habitent les prisonnières troyennes. Ces tentes doivent se trouver sur scène puisqu'on y passe directement après la sortie du roi grec et de son messager à la fin de la scène 2 du Ier Acte[7]. On a affaire donc au décor simultané qu'utilisait souvent l'Hôtel de Bourgogne à l'époque[8]. Sallebray utilise aussi "une toile" que l'on tire au vers 618 pour révéler le tombeau d'Hector. Cette manœuvre, qui est typique de certaines pièces pré-classiques[9], permet à Andromaque et à Cassandre de passer des environs de la tente d'Agamemnon au tombeau d'Hector, qui se trouve loin des tentes des rois grecs ("C'est un lieu reveré [...] / Méme des ennemis"), mais en même temps "fort proche d'icy" (vv. 609-610). La scène peut représenter aussi un endroit plus vague, intermédiaire entre les diverses locations précises. Ainsi, quand Cassandre quitte la tente d'Agamemnon au début du deuxième acte (scène 2), c'est pour regagner sa tente (v. 507), mais elle n'y est pas

---

4   J. Scherer, *La dramaturgie classique en France*, Paris, s.d., p. 160.
5   Lancaster, *op.cit.*, pp. 239-240.
6   *La Pratique du Théâtre*, Paris, Sommaville, 1657.
7   Ceci doit poser des problèmes pour Taltybie au cours du premier acte. Il est envoyé en messager pour voir Cassandre à la fin de la scène 2 et n'arrive à la tente de celle-ci qu'à la scène 4 alors que le spectateur y passe directement au cours de la troisième scène!
8   Scherer, *op.cit.*, p. 152.
9   *Ibid*, pp. 175-176.

parvenue quand elle rencontre Andromaque (scène 3), qui, elle, n'avait sûrement pas l'intention d'essayer de trouver une cachette pour son fils près de la tente du "General de l'armée des Grecs".

L'unité de temps ne pose pas de problèmes, mais l'unité d'action est plus problématique. Le sujet retenu par Sallebray lui impose évidemment une grande fresque représentant le sort tragique d'Hécube, d'Andromaque, d'Astyanax et de Polyxène. Il décide de la développer encore plus loin, cependant, en y rattachant l'histoire de la mort de Polydore et de la vengeance d'Hécube - épisode repris par Garnier, mais dont Sénèque, un de ses autres modèles principaux (voir *infra*), s'est très bien passé. Ceci introduit une faiblesse dans la structure de sa pièce puisque l'action accessoire concernant Polydore n'est introduite que tardivement (vv. 1307-1310). Pire encore, la découverte de son corps au large de la côte phrygienne est le fruit du pur hasard (vv. 1537-1544)[10]. On peut dire aussi que l'action en question n'a guère d'influence sur l'action principale puisque c'est l'exécution d'Astianax[11] et le sacrifice de Polyxène qui, à en croire Calcas (vv. 1141-1143), ont produit le "favorable vent" qui libère les Grecs à la fin de la pièce (vv. 1867-1868). Il faut noter, cependant, que le centre d'intérêt de la pièce est beaucoup moins le retour des Grecs que les souffrances de la famille d'Hécube et que la mort de Polydore en est partie intégrante. Comme nous allons le voir (*infra* p. xxv et ss.), la mort de ce dernier permet aux Troyennes de s'arracher à l'état de passivité complète dans lequel elles écoutent les récits concernant la mort d'Astianax et le sacrifice de Polyxène dans le quatrième acte et de passer à l'action dans le cinquième, quand elles préparent leur vengeance contre Polymestor. Ceci permet à Sallebray de porter la tension dramatique à son point culminant et de déclencher en même temps le dénouement de la pièce: n'ayant plus aucune raison pour rester à Troie, Hécube et Cassandre acceptent d'accompagner Agamemnon, et de le suivre en Grèce.

Comme l'a si bien dit M. Heath, Sallebray réussit à imposer une certaine unité aux matériaux hérités de ses prédécesseurs et montre clairement le

---

10 Comparez l'*Hécube* d'Euripide, où la scène se trouve en Thrace et où Polydore a obtenu des dieux d'être enseveli. La découverte de son corps est donc beaucoup moins artificielle.

11 Dans notre introduction, nous mettons 'Astianax' là où il s'agit exclusivement du personnage dans la pièce de Sallebray, puisque c'est la version du nom qui se trouve dans le texte; ailleurs nous gardons l'orthographe traditionnelle. De même, nous mettons 'Pyrre' et 'Calcas' pour les personnages de Sallebray, versions de ces noms adoptées par lui partout dans le texte, malgré le 'Pyrrhe' et le 'Calchas' qui se trouvent dans la liste des personnages. Pour ce qui est de 'Polyxène' et 'Polixène', les deux versions semblent être interchangeables dans le texte; dans notre introduction nous mettons 'Polyxène' partout.

chemin à ses successeurs: "Sallebray's *La Troade* [...] shows what the nascent Neoclassical taste would like to do to the looser plotting of its forebears" [12]. Il faut dire, pourtant, que ce genre de jugement positif sur Sallebray est très rare. Aucune de ses pièces n'a été réimprimée[13]. Jacques Schérer, qui ne fait que trois allusions très brèves à son œuvre dans sa *Dramaturgie classique en France* [14], ne croit pas nécessaire d'inclure ses pièces dans *Le Théâtre du XVIIe siècle*, publié récemment par La Pléiade[15]. H. C. Lancaster consacre quelques pages à l'œuvre de Sallebray[16], mais semble le compter parmi cette production médiocre dont le principal titre de gloire est d'avoir préparé la voie pour Racine[17]. Quand les pièces de Sallebray ont réussi à attirer l'attention des critiques, c'était le plus souvent dans des études traitant de l'influence d'autres écrivains ou dans le contexte d'études thématiques de grande envergure[18].

Comment justifier alors cette nouvelle édition de *La Troade*? Nous n'avons pas du tout l'intention de suggérer que Sallebray soit un génie méconnu dont il faudrait enfin reconnaître le mérite. Les défauts de sa pièce se révèlent surtout dans sa versification somme toute assez prosaïque: il n'a ni la fermeté de Corneille ni la souplesse de Racine[19]. Il y a heureusement d'assez nombreuses exceptions[20], mais son style est, pour la plupart, assez caractéristique de celui des écrivains moyens de son époque. Empreint d'une rhétorique souvent très recherchée, il en a les défauts les plus caractéristiques: son texte est plein de longueurs, souvent fade et précieux lorsqu'il s'agit de l'amour, souvent pompeux quand il s'agit de la politique ou de la morale. Ainsi, au moment où Hécube prépare sa vengeance contre Polymestor au début du dernier acte, elle nous donne une homélie de dix vers sur le devoir des dieux à l'égard des rois criminels (vv. 1609-1618). Puis, quand elle annonce son intention d'aveugler et de tuer Polymestor avec ses épingles à cheveux, elle invoque leur aide dans une

---

12 "*Jure Principem Locum Tenet:* Euripides' *Hecuba*", *BICS*, p. 54.

13 *La Troade* eut un deuxième 'tirage' en 1641, identique au premier. Voir aussi la réédition du *Jugement de Paris* en 1640.

14 pp. 162, 167, 360. Il ne parle même pas de *La Troade*.

15 J. Scherer *et al.*, Paris, 3 vols, 1975-1992.

16 Voir *supra*, les notes 2, 3, 5.

17 Deuxième partie, t. II, p. 775.

18 E. Rigal, *Alexandre Hardy*, Paris, 1889, p. 498 et E.J. Crooks, *The Influence of Cervantes in France*, Baltimore, 1931, p. 149 (sur *La Belle Egyptienne*); Van Roosbroeck, *The Cid Theme in France in 1600*, Minneapolis, 1920, p. 16 (sur *L'Amante Ennemie*). Voir aussi Heath, *supra*, n. 12.

19 Pour une comparaison avec Racine, voir *supra*, p. 1.

20 Voir *infra*, pp. xxiii, xxiv, xxx n. 55.

vingtaine de vers où Sallebray donne libre cours à son goût pour l'antithèse:

> Cessés de nous servir d'inutille ornement,
> Perdès tout vôtre éclat, et percés seulement[;]
> Pour le coup genereux où cette main s'apréte
> J'ay besoin de la pointe et non pas de la tète,
> Préparés vous d'entrer non pas en des cheveux,
> Mais dans un lâche cœur, mais en d'infames yeux,
> Quoy qu'à vôtre façon cet employ soit contraire,
> Vous n'aurés pas icy moins sujet de vous plaire,
> Ils vous doivent aymer puis qu'ils sont si charmés
> Du precieux metail dont vous étes formés;
> Tyran, nous soulerons ainsi ton avarice,
> Et ton plus doux objet va faire ton suplice [...] (vv. 1627-1638)

L'idée d'utiliser des instruments en or pour punir la cupidité de Polymestor ne laisse pas d'être impressionnante, mais certaines idées sont bien trop artificielles, telle l'affirmation saugrenue: "Pour le coup généreux où cette main s'appréte / J'ay besoin de la pointe et non pas de la tète" (vv. 1629-1630).

Nous croyons, pourtant, que la pièce est loin d'être médiocre. Sallebray réussit non seulement à mieux intégrer le sort de ses divers personnages que ne l'a fait Garnier (son prédécesseur le plus immédiat) mais aussi à transformer le simple récit des souffrances des Troyennes en une pièce de théâtre proprement dite. Sa stratégie majeure, dans ce contexte, est de faire du sort d'Astianax et de Polyxène des obstacles au bonheur d'Agamemnon, qui, amoureux de Cassandre, croit que leur mort mettra fin à ses espoirs. Son amour est, en fait, déjà voué à l'échec puisque la Troyenne n'a pas du tout l'intention de répondre à son amour, que condamne inéluctablement la vengeance sanguinaire exercée sur la famille de Priam par l'armée grecque:

> Quand les Grecs obstinés à perdre les Troyens,
> N'auroient pas employ[é] tant de lâches moyens,
> Quand je ne verrois pas ces flames criminelles
> Assouvir les desirs de leurs ames cruelles,
> Quand nôtre grand Hector cedant aux loix du sort
> N'auroit pas éprouvê la honte dans la mort,

Qu'un pere assassinê, Dieux ce penser me tuë,
Ne se montreroit pas à mon ame abatuë [....] (vv. 403-410)[21]

Elle voudrait bien exploiter son amour, toutefois - soit pour mieux préparer
sa vengeance, soit pour essayer de sauver sa famille. Le rôle considérable attribué à la prophétesse Cassandre a le mérite
également de permettre à Sallebray de développer d'importantes
perspectives extra-théâtrales évoquant le sort d'Agamemnon aux mains de
Clytemnestre et d'Egisthe:

> Consolés vous Madame, apaisés vous mes sœurs,
> Où vous croyés du fiel j'y treuve des douceurs,
> Je cheris cet Hymen dont le flambeau funeste
> Causera plus de maux que la guerre et la peste,
> Par luy ce láche époux me donne les moyens
> De vanger mes parens, ma ville, et les Troyens. (vv. 331-336)

Sallebray exploite ici la légende grecque selon laquelle Agamemnon et sa
concubine furent massacrés par Clytemnestre lorsque le roi retourna à
Mycènes. Comme nous allons le voir plus loin (p. xxviii et ss.), les
perspectives ouvertes sur le sinistre avenir qui attend Agamemnon
contribuent énormément à l'effet tragique produit par la pièce[22].

La passion haineuse de Cassandre offre aussi un contraste saisissant
avec l'aveuglement du roi hésitant qui, suivant les normes du XVIIe siècle
français, s'est fait son soupirant. La psychologie des deux personnages et
les rapports entre Agamemnon et Cassandre sont loin d'être aussi
complexes que ceux d'Andromaque et de Pyrrhus dans la pièce de Racine,
mais le lecteur impartial conclura sans difficulté, tout comme R. C.
Knight[23], que l'auteur d'*Andromaque* a pu trouver de quoi alimenter son

---

21 Nous ne citons qu'une partie du texte en question (vv. 403-418) , qui présente des parallèles assez
    frappants avec l'*Andromaque* d'Euripide (vv. 390-395, 399-493) et qui a peut-être inspiré une des
    tirades de l'Andromaque de Racine (vv. 926-931). Dans ce cas, Racine restitue à Andromaque des
    idées et des expressions que Sallebray avait mises dans la bouche de Cassandre. Il est tout à fait
    possible que la liaison gréco-troyenne dépeinte par Euripide (où Andromaque déteste Néoptolème)
    ait inspiré le couple Cassandre/Agamemnon et que cette adaptation ait pu elle-même inspirer le
    couple Pyrrhus/Andromaque. Racine a, bien entendu, eu recours aussi à Euripide.
22 Encore une fois, on pense à Racine. Voir l'ouvrage magistral d'O. de Mourgues, *Racine, or the
    Triumph of Relevance*, Cambridge, 1967, chap. 2, "The Multivalency of Time and Space".
23 *Racine et la Grèce*, Paris, 1951, p. 116.

imagination chez Sallebray aussi bien que chez Euripide[24].

En comparant Sallebray à Racine, nous venons de donner, on le voit, dans le même piège que certains de nos prédécesseurs. Mais dire que Sallebray n'est pas Racine, c'est le situer par rapport à un génie: ce n'est pas le condamner comme un auteur indigne de notre intérêt. Il suffit, en effet, d'adopter la perspective opposée et d'essayer de voir ce que Sallebray a pu faire des matériaux que lui avait légués une longue tradition littéraire pour apprécier à son juste prix la valeur de son ouvrage. La première question qui se pose à cet égard est celle de savoir quelles sont les sources que Sallebray a pu exploiter[25].

Les quatre premiers actes sont visiblement basés sur l'intrigue développée par Sénèque dans *Les Troyennes*, mais plusieurs indices démontrent de façon convaincante que l'influence sénéquienne passe à travers *La Troade* de Robert Garnier (1579):

(1) l'inclusion de l'histoire de Polydore et de Polymestor, que Garnier a pris de l'*Hécube* d'Euripide et dont il n'est pas question chez Sénèque;
(2) l'épisode de Polyxène, que Sénèque avait raccourci alors que Garnier y avait restauré l'ampleur qu'il avait chez Euripide (*Hécube* encore une fois);
(3) le rôle important accordé à Cassandre, qui ne figure pas dans *Les Troyennes* de Sénèque mais qui occupe une place centrale dans le premier acte de Garnier (qui lui-même suivait *Les Troyennes* d'Euripide).

Les souvenirs verbaux confirment cette hypothèse. Comparez, par exemple, les vers de Cassandre chez Sallebray (vv. 607-612):

Si vous le trouvés bon, il le faudroit conduire
Au sepulcre d'Hector, *que Priam fit construire*,
C'est un lieu *reveré* [....]
Même des ennemis, et fort proche d'icy,

---

24 Le thème de l'amante ennemie était, bien sûr, très populaire au XVIIe siècle. Voir, par exemple, Hardy, *La Mort d'Achille* (1625) et la pièce du même nom de Benserade (1637), sans parler de l'*Hercule mourant* de Rotrou (1636) et de la *Pertharite* de Corneille.
25 Nous nous en tenons dans ce qui suit aux textes dramatiques que Sallebray a probablement exploités. On trouvera dans les notes des références à Homère et à Virgile.

Je ne sçay point de *lieu* qui soit *plus salutaire,*
Doutès vous de fier un enfant à son pere?

aux vers d'Andromache chez Garnier (vv. 693-698):

Le sépulchre est icy, *que Priam fist construire*
Pour les mânes d'Hector; on ne l'ose destruire;
L'ennemy le révère, et a peur d'y toucher;
Il me faut là mon fils Astyanax cacher.
Et quel *lieu* luy sçauroit estre *plus salutaire?*
Qui pourra mieux garder un enfant que le père? [26]

La primauté de l'influence de Garnier semble donc prouvée. On ne doit pas exclure, pourtant, la possibilité d'une influence directe de Sénèque. Il y a en effet des expressions dans la pièce de Sallebray qui trouvent une correspondance plus exacte dans *Les Troyennes* que dans *La Troade* de Garnier. Il y a, par exemple, la brève affirmation d'Andromaque à propos du fantôme de son mari (qui portait les traces des mutilations subies après la mort): "Tout hideux et sanglant il m'a plû toutefois" (v. 577), qui semble reprendre le vers 451 de Sénèque: "iuvat tamen vidisse"[27]. Ou bien ses regrets devant son incapacité de protéger son enfant: "Qui pourroit s'opposer à leurs perfides trames / S'ils venoient en ces lieux? un enfant, et deux femmes [...]" (vv. 655-656), adaptés des vers 507-508 de Sénèque: "en intuere, turba quae simus super: / tumulus, puer, captiva"[28]. On pourra conclure, donc, que, si l'économie générale de la pièce est basée sur celle de Garnier, Sallebray n'hésite pas à recourir à Sénèque pour lui prendre des

---

26 Le texte originel de Sénèque (vv. 483-486, attribués à Andromaque):
Est tumulus ingens coniugis cari sacer,
verendus hosti, mole quem immensa parens
opibusque magnis struxit, in luctos suos
rex non avarus: optime credam patri.
"Il y a cet immense tombeau consacré à mon époux chéri, vénérable pour l'ennemi même, et dont le père d'Hector a fait édifier l'immense masse avec somptuosité, en roi prodigue de ses deuils. Oui, c'est à son père qu'il vaut mieux que je le confie".
27 "Pourtant, j'étais heureuse de le revoir".
28 "Vois, contemple la troupe des survivants: un tombeau, un enfant, une captive".

détails saisissants[29].

Etant donné l'importance du latin dans l'éducation française au XVIIe siècle, on n'a pas à se demander si notre auteur savait le latin: le niveau général de ses connaissances de la culture antique semble le démontrer clairement. Il n'en va pas de même pour le grec, qui était le privilège d'une petite minorité[30]. Mais, même si Sallebray ne connaissait pas la langue d'Euripide, il pouvait lire ses pièces dans la traduction latine publiée par P. Estienne[31] ou, pour l'*Hécube*, dans la traduction française de Bochetel[32.] On pourrait, peut-être, trouver un écho du texte de Bochetel dans la description que Taltybie nous donne de l'apparition du fantôme d'Achille:

> Et l'on a vu sortir de cet abîme creux
> Le fantôme d'Achile *environné de feux.*
> Tel qu'il parut jadis aux premieres alarmes,
> Faisant ceder Telefe à l'effort de *ses armes.* (vv. 933-936).

Or, l'idée qu'Achille fut entouré de feux ne se trouve ni chez Sénèque ni chez Garnier. Chez Euripide, par contre, on trouve que le fantôme χρυσέοις ἐφάνη σὺν ὅπλοις (*Hécube*, v. 110: "parut avec des armes dorées"), vers que Bochetel modifie sensiblement quand il traduit: "l'âme duquel se seroit demonstrée [...] en armes refulgentes"[33]. Il se peut que Sallebray ait inventé le détail, mais la ressemblance pourrait suggérer que Sallebray ait pris à Bochetel l'idée d'une lumière éclatante qu'il a transposée des armes d'Achille aux feux qui entourent sa personne[34].

L'hypothèse d'une connaissance directe de l'*Hécube* d'Euripide semble confirmée quand Hécube accuse Polymestor d'avoir couronné ses crimes en

---

29 Il est possible que Sallebray ait lu d'autres pièces de Sénèque, en particulier son *Agamemnon*, où figurent aussi le chef des Grecs et Cassandre. Il est intéressant de remarquer que le v. 171 de Sallebray, devenu célèbre à cause de son influence possible sur le v. 319 de l'*Andromaque* de Racine, ressemble au v. 175 d'*Agamemnon*: "amore captae captus, immotus prece / Zminthea tenuit spolia Phoebi senis [...]", que Duchat traduit comme suit (en 1561): "Il s'est rendu captif d'amour d'une captive, / Et misérable serf d'une serve chétive [...]". Voir M. Delcourt, *Etude sur les traductions des tragiques grecs et latins en France depuis la Renaissance*, Bruxelles, 1925, pp. 90-91, et Charles Toutain, *La tragédie d'Agamemnon*, éd. T. Peach, Exeter, 1988 (Ière éd. 1557).

30 Knight, *Racine et la Grèce*, chapitres 1-3.

31 *EURIPIDES tragoediae quae extant, cum latina version Gulielmi Canteri [...]*, Genève, 1602.

32 *La tragedie d'Euripide nommée Hecuba traduite du grec en rythme françoise*, Paris, R. Estienne, 1550.

33 p. 15.

34 A moins qu'il ne l'ait prise du vers où Sénèque décrit les "regards éclatants d'Hector" ("non ille vultus *flammeum* intendens iubar", v. 448).

jetant à la mer le corps de Polydore, auquel il "nie un tombeau" (v. 1560).
Garnier ne fait nulle part mention de ce forfait. Chez Euripide, au
contraire, on trouve: τύμβου.../ οὐκ ἠξίωσεν (*Hécube*, vv. 796-797:
"Polymestor n'a pas trouvé bon [de lui accorder] un tombeau")[35]. Plus
généralement, on note que l'idée fondamentale sur laquelle se base le nœud
de *La Troade* (la passion d'Agamemnon pour sa jeune captive) est
probablement développée à partir d'*Hécube*, vv. 120-129, où l'influence de
la jeune captive sur les actions d'Agamemnon est beaucoup plus clairement
indiquée que dans les références obliques de Sénèque (*Les Troyennes*, vv.
303-304) et de Garnier (*La Troade*, vv. 1459-1461)[36].

Il est évidemment impossible, sauf dans des cas très précis, de distinguer
entre la dette générale de Sallebray à l'égard de Garnier et sa dette à l'égard
de Sénèque et d'Euripide: l'influence de ce dernier pouvait être transmise à
travers l'œuvre de Sénèque, et l'influence du dramaturge romain est
transmise également à travers l'influence de Garnier, qui, lui, a
certainement exploité Euripide directement[37]. Il nous semble, en tout cas,
qu'ayant établi les rapports plus ou moins étroits qui existent entre la pièce
de Sallebray et celles de ses prédécesseurs, le moment est venu d'essayer de
déterminer la nature de cette dette, et, plus précisément, la façon dont il
exploite ses sources pour promouvoir sa stratégie dramatique et créer une
vision tragique authentique.

L'action de *La Troade* de Garnier se divise en cinq actes basés sur:
l'attribution de Cassandre à Agamemnon (Acte I); la lutte d'Andromache
pour sauver Astyanax (Acte II); le sacrifice de Polyxène (Acte III); les
récits concernant la mort d'Astyanax et le sacrifice de Polyxène (Acte IV);
la vengeance d'Hécube sur Polymestor, assassin de son tout dernier fils
Polydore (Acte V). Sallebray garde tous ces éléments, et les exploite dans
le même ordre, mais en fait une pièce très différente[38].

---

35 Pour d'autres détails du même genre, voir les notes aux vv. 1187-1188, 1796-1798.
36 Certains échos indiqueraient que Sallebray a connu aussi l'*Andromaque* et *Les Troyennes* d'Euripide.
    Voir les notes aux vv. 331-336, 331-359, 352, 403-418, 1276, 1301-1302.
37 Voir l'excellente étude de J. Holyoake, *A Critical Study of the Tragedies of Robert Garnier*, New
    York, 1987.
38 Pour une analyse détaillée de la pièce de Garnier, voir Holyoake, *op.cit*, pp. 249-310.

Acte I

Pour son premier acte, Sallebray prend un aspect de la situation qui n'est présenté qu'en récit dans ses sources: la réunion des rois grecs au cours de laquelle ils se décident à exécuter Astianax, le fils d'Hector, par mesure de précaution. En mettant cet aspect de l'intrigue sur la scène, Sallebray crée tout de suite un effet dramatique puisque le spectateur devient le témoin direct de la brutalité de Pyrre, qui voudrait que l'on tue aussi toute la famille d'Hector, et cela pour la même raison:

> Si l'enfant ne suffit, exterminons encor
> Et la mere, et les sœurs, et la femme d'Hector,
> De ces serpens rus[é]s ne peuplons point nos villes [...] (vv. 111-113)

Agamemnon proteste, faisant preuve d'une modération qui ne pourra qu'impressionner le spectateur (vv. 116-128). Il se peut bien que les réactions du roi soient intéressées, mais nous ne le savons pas encore puisqu'il ne révèle son amour pour Cassandre qu'à la scène suivante, qui est totalement originale.

La scène 3 est basée sur des lamentations empruntées à la première scène de Garnier (lamentations d'Hécube) et du début de son acte II (lamentations d'Andromaque), mais, conformément à une stratégie souvent utilisée dans *La Troade*, Sallebray refond les monologues de Garnier dans un dialogue. Plus important encore, sa façon de préparer cette scène crée un puissant effet ironique, et, en même temps, du suspens. Les Troyennes se lamentent sur un sort qu'elles croient déjà suffisamment malheureux; mais le spectateur a été averti du nouveau désastre qui se prépare pour Astianax. Si, d'un côté, la passion d'Agamemnon pour Cassandre permet un certain espoir (le roi voudra intervenir pour faire obstacle aux desseins de ses compatriotes), on constate, de l'autre, que l'accent est mis beaucoup plus sur la vision prophétique de Cassandre, qui n'aspire, elle, qu'à la vengeance. Sallebray exploite ici les modèles offerts par Euripide (vv. 306 ss.) et Garnier (vv. 321-324), mais il supprime la danse ecstatique de la jeune Troyenne[39] et introduit dans la tirade de la jeune prophétesse un changement de tonalité qui rend cette fin d'acte tout à fait menaçante[40].

---

39 Garnier en conserve quelque chose. Voir les vv. 313-318.
40 Voir *infra*, p. xxx.

Acte II

L'acte II, basé pour l'essentiel sur le deuxième acte de Garnier, est dominé par les efforts que fait Andromaque pour sauver son fils. Mais, soucieux de maintenir le fil conducteur de sa pièce, Sallebray ajoute, au début, deux scènes originales où Agamemnon fait la cour à Cassandre, qui, cachant momentanément la haine qu'elle nourrit à son égard, profite de sa passion pour l'engager à protéger sa famille. Autre élément nouveau: Cassandre reste présente tout au long de la confrontation entre Andromaque et Ulysse. Celle-ci n'ayant pu sauver Astianax des mains des Grecs, Cassandre lui promet d'intervenir auprès d'Agamemnon (scènes 4 et 5). Ce dernier se révélera incapable de sauver le prince troyen (voir *infra*, p. xxix), mais Sallebray tient à entrelacer aussi étroitement que possible les deux intrigues et, encore une fois, à créer autant de suspens dramatique que possible.

C'est dans cette intention qu'il remanie considérablement les éléments traditionnels de l'épisode concernant Andromaque et son fils. Dans les sources, cet épisode se divise en deux parties principales. La première présente les craintes d'Andromaque à propos du sort de son fils. La seconde représente ses efforts pour résister aux menaces et pour déjouer les ruses d'Ulysse. Or, Sallebray a redistribué les éléments de la première partie de cet épisode, et considérablement raccourci la seconde.

Chez Sénèque (*Les Troyennes*, vv. 409-425) comme chez Garnier (*La Troade*, vv. 557-637), Andromaque regrette le décès de son époux, et affirme que seul son fils l'empêche de le rejoindre dans la mort. Elle s'engage alors dans un deuxième discours où elle décrit l'apparition d'Hector dans un songe prémonitoire, fait des observations attendries sur la ressemblance d'Astyanax avec son père, et se laisse un instant aller à des rêves qu'elle sait illusoires à propos de l'avenir illustre qui attendrait son fils. Se reprenant, elle se rappelle le danger qui le menace et cherche un endroit où le cacher. Ayant pensé à le confier au tombeau de son mari défunt, Andromaque hésite, puis se décide et lui commande d'y entrer. Elle est impressionnée par sa résistance héroïque, mais lui ordonne de céder à la fortune et de se cacher auprès du corps de son père.

Il s'agit, on le voit, d'une scène impressionnante, et on comprend facilement pourquoi Garnier a cru utile de suivre Sénèque de très près. Sallebray, cependant, modifie sensiblement ses sources, et cela tout d'abord pour des raisons d'ordre dramatique. Chez Garnier comme chez Sénèque, c'est Andromaque qui se trouve sur scène au début de l'acte en question . Ni le dramaturge français ni son prédécesseur ne croient nécessaire de motiver sa présence. Elle finira par s'occuper du sort de son fils mais semble disposer d'assez de temps pour s'adonner à des lamentations à propos d'Hector. Si Sallebray omet celles-ci, ce n'est pas seulement parce qu'il préfère les utiliser ailleurs (vv. 269-282), c'est surtout parce que, au moment de son entrée sur scène, Andromaque (qui interrompt les réflexions de Cassandre) cherche déjà à sauver son fils. Ses propos sur ses espoirs pour Astianax, qui constituent son entrée en matière, ont pour but ici de justifier l'urgence de sa mission:

> Ha ma sœur qu'à propos en ce lieu je vous treuve,
> Sauvés du grand Hector et le fils et la veufve,
> Par des soins paternels son ombre le deffend,
> Employons nous aussi pour ce commun enfant,
> C'est luy qui doit un jour vanger ses funerailles [...] (vv. 515-519)

L'idée que c'est Astianax seul qui empêche Andromaque de mourir est reformulée, condensée et intégrée alors dans l'expression des craintes qui lui font abandonner ses ambitions pour son fils (vv. 527-536).

Cassandre, qui ne semble pas avoir relevé la référence à Hector ("Par des soins paternels son ombre le deffend"), intervient pour demander ce qui cause son désespoir, et c'est cette question qui déclenche le récit du songe d'Andromaque. Ici, Sallebray suit de très près ses prédécesseurs, mais, à l'encontre de Sénèque et de Garnier, en fait le sujet d'une tirade à part entière (vv. 539-592), à la fin de laquelle Andromaque se trouve dans un état de lassitude angoissée. Il revient donc à Cassandre, qui prend conscience, cette fois, de ce qu'impliquent les paroles de sa belle-sœur, d'intervenir pour essayer de sauver ses proches: "Ne nous arrêtons pas plus long temps en ces lieux" (v. 593).

L'importance du rôle de Cassandre est encore plus clairement démontrée par le fait que c'est elle qui a l'idée de cacher Astianax dans le tombeau de son père. Chez Garnier comme chez Sénèque, cette idée vient d'elle-même à Andromaque. Sallebray tient, au contraire, à insister sur le contraste entre le caractère pratique de Cassandre et le désarroi de sa sœur. S'ensuit un court dialogue entre les deux femmes, où la peur qu'a Andromaque de mourir de douleur au moment d'entrer dans le tombeau et de révéler ainsi la cachette de son fils (vv. 615-618) remplace les préoccupations d'ordre plus général que l'on trouve dans les échanges stychomythiques chez Garnier et chez Sénèque. Encore une fois, il revient à Cassandre d'intervenir énergiquement pour pousser sa belle-sœur à l'action (vv. 619-625). Le discours dans lequel Andromaque accepte la suggestion de Cassandre et enjoint à son fils d'entrer dans le tombeau suit le modèle offert par les dramaturges romain et français jusqu'au moment où la veuve d'Hector remarque l'hésitation de son fils (v. 631). C'est ici que Sallebray décide d'exploiter le motif de la ressemblance entre Astianax et son père. Garnier, tout comme Sénèque, met cette idée dans la bouche d'Andromaque quand elle réfléchit sur l'apparition du fantôme de son époux, ce qui ajoute au pathétique de la scène (*La Troade*, vv. 666-670; *Les Troyennes*, vv. 464-468). En l'utilisant ici, Sallebray souligne que, si Astianax hésite à entrer dans le tombeau, c'est par aversion à l'idée d'avoir à se cacher, ce qui le montre sous un jour plus héroïque[41]. Il réussit en même temps à mettre en relief la fierté ressentie par Andromaque devant les réactions de son fils (vv. 633-634). Retrouvant le sens de l'urgence de sa situation, elle s'empresse de le persuader d'accepter la seule solution qui se propose, mais elle s'égare dans une longue suite d'échanges stychomythiques où, dépassant pour la première fois dans sa longue carrière littéraire les simples cris de détresse qui lui sont accordés par Sénèque (*Les Troyennes*, v. 792) et Garnier (*La Troade*, vv. 1115, 1117, 1119), Astianax exprime son opposition à une fuite peu digne d'un héros troyen (vv. 658-669). Il revient encore une fois à Cassandre de mettre fin à ce débat (vv. 670-671) et de pousser l'enfant dans sa cachette.

La deuxième partie de l'épisode concernant Andromaque et son fils se trouve dans la scène 4. Celle-ci contient moins de remaniements puisque Sallebray change très peu l'ordre et la présentation des différents discours qui constituent la scène entre Andromaque et l'assassin de son fils. L'épisode est totalement transformé, cependant, par la façon dont Sallebray conçoit le lieu théâtral. A la différence de Garnier et de Sénèque, chez qui la conception du lieu théâtral reste très floue, Sallebray concrétise la mise en scène, plaçant le tombeau d'Hector derrière une tapisserie que l'on tire au moment opportun (voir *supra* p. vi). Ulysse, qui entre sur la scène au vers 702, aperçoit Andromaque, qui se trouve toujours près du tombeau, au cours du vers 705 et il lui annonce presque immédiatement qu'il est venu à la recherche de son fils (vv. 709-713).

---

41   On ne trouve qu'une référence très brève à la lignée d'Astyanax chez Sénèque dans cette partie du texte (*Les Troyennes*, vv. 505-506).

Andromaque fait de son mieux pour faire croire au roi grec que son fils est déjà mort (vv. 739, 753-754) et attire son attention sur ses yeux pleins de larmes pour le convaincre de sa sincérité (v. 750). Ce sont précisément ses yeux qui la trahissent, cependant. Ulysse est tenté de la croire sur parole mais ses soupçons sont ranimés par les regards inquiets d'Andromaque, qui ne peut pas détacher ses yeux du tombeau: "Sa veuë en cet endroit est souvent arretée, / Le dueil moins que la crainte a son ame agitée" (vv. 767-768, voir aussi les vv. 790-792). Averti par les regards d'Andromaque, Ulysse commande à ses soldats de démolir le tombeau (v. 795) et le suspens créé par ce jeu de scène visuel est prolongé par les discours où Andromaque essaie de décider si elle doit livrer son fils afin de préserver les cendres de son époux (vv. 803-822, 827-837, 840-852). Enfin, au point culminant de la scène le tombeau est détruit devant ses yeux (vv. 861, 862). Andromaque s'évanouit, et le jeune Astianax est emmené par les soldats.

Le fait qu'Andromaque s'évanouit entraîne la suppression de ses adieux à son fils. On peut en conclure que Sallebray préfère le pathétique créé par la pâmoison, somme toute dramatique, d'Andromaque au pathétique plus facile qu'on trouve chez Sénèque (*Les Troyennes*, vv. 760-813), comme chez Garnier (*La Troade*, vv. 1073-1136). Il faut constater aussi que les supplications auxquelles s'adonne Andromaque devant un Ulysse impassible chez Sénèque (*Les Troyennes*, vv. 691-749) et chez Garnier (*La Troade*, vv. 1011-1066) seront remplacées par les supplications que Cassandre promet de faire devant Agamemnon (v. 889), et dont nous serons témoins dans l'acte suivant (scène 3). Sallebray renforce ainsi le rôle de Cassandre en même temps qu'il renforce les rapports entre l'action principale et l'action secondaire. Constatons en même temps qu'il a exploité les grandes scènes où Andromaque cherche à sauver son fils de façon à les rendre aussi dramatiques que possible. En nous faisant attendre le quatrième acte pour voir si Cassandre aura plus de succès que sa belle-sœur, il augmente considérablement le suspens propre au théâtre.

Acte III

Cet acte est dominé par l'annonce d'un nouveau danger qui menace Polyxène, sœur de Cassandre, dont le sang a été réclamé en guise de sacrifice par le fantôme d'Achille (vv. 949-962). Comme dans *La Troade*

de Garnier, c'est un élément nouveau introduit sans préparation préalable[42].
Sallebray a soin, cependant, de le rattacher à l'action principale. Il garde le
récit de l'apparition du fantôme d'Achille prononcé ici comme ailleurs par
Taltybie, mais en transforme le contexte pour que l'apparition soit racontée
à Agamemnon (qui remplace l'Hécube de Garnier et le chœur de Sénèque).
Taltybie, qui annonce que la flotte est encalminée, cherche à apaiser les
inquiétudes de son roi, qui craint que le sacrifice d'un de ses enfants ne soit
encore une fois exigé, comme à Aulis (vv. 913-922). L'épisode concernant
Polyxène est introduit donc avec une ironie parfaite puisque Taltybie, qui
croit rassurer Agamemnon, ne fait qu'accroître son malheur! Sallebray
nous a faits témoins lors du Ier acte du débat qui opposait Agamemnon,
qui voulait sauver les Troyennes, à Pyrre, qui s'obstinait à vouloir les
exterminer (vv. 111-135). Le dramaturge a préféré alors nous laisser dans
l'ignorance des mobiles intéressés du roi (*supra* p. xv). Cette fois, nous
sommes déjà au courant de ses problèmes lorsque Pyrre vient chercher la
confrontation dans la scène 4. Si Agamemnon développe longuement les
mêmes arguments d'un ton moral élevé que dans les sources utilisées par
Sallebray (clémence, mesure, circonspection - vv. 1069-1110), nous
savons que, quelques sincères que soient ses mobiles, ils sont doublés par
des motifs plus intéressés. Comme l'indique son aparté au moment
d'entrer sur la scène, Pyrre s'en rend parfaitement compte aussi (vv. 1041-
1043), ce qui détruit totalement le prestige dont Agamemnon devrait
bénéficier en tant que "General de l'armée des Grecs".

L'attitude méprisante de Pyrre met Agamemnon dans une situation
embarrassante. Sallebray tient, cependant, à lui conserver notre
sympathie, comme le prouvent deux scènes de son invention qui précèdent
la confrontation entre les deux rois. La première (III, 2), en forme de
monologue, articule le dilemme du roi: sa gloire l'empêche de céder aux
exigences d'Achille (vv. 981-986), mais il sait qu'il ne devrait pas élever
une esclave troyenne au rang d'une reine grecque (vv. 999-1000).
Sachant qu'il n'a rien pu faire pour empêcher Hécube et Andromaque
d'être attribuées à Ulysse et à Pyrre (ce qui n'a pas dû renforcer sa position
vis-à-vis de Cassandre - vv. 988-994), il croit devoir renoncer à son
amour (vv. 1003-1004). Mais la force de sa passion n'en est que plus
visible puisque sa résolution l'abandonne à l'arrivée de la jeune
prophétesse (scène 3).

---

42   Chez Sénèque, l'idée est introduite plus tôt (*Les Troyennes*, vv. 164-370).

Il y a un abîme, évidemment, entre la faiblesse d'Agamemnon, qui s'avoue immédiatement vaincu ("Mais c'est bien vainement que je fay ce dessein, / Voicy qui de rechef me vient percer le sein", vv. 1005-1006) et le lent cheminement de la passion qui mine la résolution du Pyrrhus de Racine quand il se décide à renoncer à Andromaque (Actes II, III); mais Sallebray réussit à inspirer de la sympathie pour ce roi qui est la victime d'une passion qu'il ne saura surmonter et qui l'amène, en tout cas, à s'opposer au "brutal" auquel appartient désormais la belle-sœur de Cassandre (v. 990).

Sallebray sait tirer un autre avantage de la passion d'Agamemnon pour la jeune Troyenne. Quand le roi la voit venir à la fin de la scène, il a évidemment peur qu'elle ne soit déjà au courant du danger qui menace Polyxène (v. 1007). En fait, elle est venue, conformément à la promesse faite à Andromaque, pour plaider en faveur d'Astianax (vv. 1027-1030) et ne sait toujours rien du sacrifice exigé par Achille (vv. 1039-1040). Le roi a besoin donc de lui faire quitter la scène aussi rapidement que possible - et surtout avant que Pyrre et Calcas n'y puissent arriver (v. 1034). Tout cela augmente considérablement la pression psychologique à laquelle le roi se trouve exposé.

Sallebray suit Garnier d'assez près dans la scène 4, mais retranche une partie des injures que se lancent Agamemnon et Pyrre chez Garnier (vv. 1469-1504). Les arguments qu'il conserve dans la bouche d'Agamemnon sont aptes à lui donner un certain prestige moral ("La victoire est plus belle alors qu'elle est modeste", v. 1104), mais sa position est minée, comme nous l'avons vu, par le fait que Pyrre sait que ses arguments sont intéressés[43]. Il n'est guère surprenant alors qu'Agamemnon n'arrive pas à imposer sa volonté au jeune roi, qui tient absolument à ce que la volonté de son père soit respectée. On comprend facilement alors que, quand Agamemnon fait appel à l'autorité de Calcas (vv. 1137-1140), il se raccroche à un espoir qu'il doit savoir faux. Il reste sur scène assez longtemps pour regretter la situation impossible dans laquelle il se trouve (scène 5) avant de suivre son jeune rival impétueux. Il ne le reconnaîtra que beaucoup plus tard (vv. 1745-1748), mais nous savons d'ores et déjà qu'il a perdu toute l'autorité qu'il avait sur les Grecs.

Sallebray utilise le décor simultané pour passer immédiatement à la

---

43 Chez Garnier (*La Troade*, vv. 1459-1461) comme chez Sénèque (*Les Troyennes*, vv. 303-304), l'idée que c'est la passion d'Agamemnon qui le fait intervenir en faveur de Polyxène n'est évoquée qu'en passant, et après l'intervention en question.

scène 6 entre Hécube et Polyxène: la victime de la nouvelle décision des
Grecs et sa mère. Sallebray, qui a préféré nous révéler cette décision par le
biais de la scène entre Agamemnon et Taltybie, ne croit pas nécessaire de
nous rendre témoins des réactions des deux femmes au moment où la
mauvaise nouvelle leur est annoncée (par le Coryphée chez Euripide, par
Hélène chez Sénèque, par Talthybie chez Garnier). Si Sallebray tourne le
dos ici à des effets pathétiques faciles, c'est sans doute parce qu'il veut
ménager un contraste saisissant entre les vacillations du roi qui vient de
quitter la scène et le courage calme de la jeune victime des Grecs, qui
préfère la mort à la servitude (vv. 1189-1210). C'est pour faire mieux
ressortir ce même courage qu'il abrège considérablement les sources
exploitées dans la scène suivante (scène 7), où Pyrre vient chercher sa
victime. Les longs débats dans l'*Hécube* d'Euripide (vv. 218-443) comme
dans *La Troade* de Garnier (vv. 1529-1744) sont remplacés par de brefs
échanges entre Hécube et Pyrre, auxquels Polyxène ne contribue que trois
vers caractérisés par une calme détermination à affronter la mort qui offre
un contraste frappant avec la colère haineuse de sa mère comme avec la
brutalité presque terre-à-terre du roi grec (vv. 1229-1234). Cassandre, qui,
jusqu'ici, a eu ce qui est probablement le rôle féminin le plus important de
la pièce, arrive au moment où l'on entraîne sa sœur (scène 8). Sans se
rendre vraiment compte de ce qui se passe ("Madame où courés vous?
[quelle] est cette fureur?" - v. 1250), elle essaie d'empêcher sa mère de
suivre Polyxène. Comme il convient à une scène de désespoir, les paroles
d'Hécube sont peu claires (vv. 1251-1252), mais Cassandre conclut qu'elle
a été trahie par Agamemnon (vv. 1253-1254). Le fait qu'elle méconnaît
entièrement le rôle du roi grec dans la mort de Polyxène renforce
considérablement l'ironie qui semble si caractéristique de la pièce. Nous
avons vu que Sallebray utilisait jusqu'ici la passion d'Agamemnon non
seulement pour imposer une certaine unité à la matière si diverse de *La
Troade* mais aussi pour créer un certain espoir. Le spectateur se rend
pleinement compte maintenant que cet espoir n'était qu'illusoire.

Acte IV

Le rythme dramatique qui s'était précipité à la fin du troisième acte se
ralentit au début du quatrième. Sallebray y ajoute une nouvelle scène sous
forme de stances où Andromaque s'adonne à une méditation attristée sur la

mutabilité du sort. Comme nous l'avons indiqué dans les notes, Sallebray exploite ici des idées et des expressions qu'il a trouvées chez Garnier, chez Sénèque et, peut-être, chez Euripide. Il réussit néanmoins à donner une voix authentique à son Andromaque:

> Ce sont les rig[u]eurs que j'epreuve,
> D'un Heros deplorable veufve
> Je pers mon rang, mes biens, mon fils, et mon pouvoir;
> A quel sort me voy-je asservie?
> Tout meurt, jusques à mon espoir,
> Et ce dernier-mourant me laisse encor la vie. (vv. 1273-1278)

Dans la scène suivante, Sallebray exploite des détails pris chez Sénèque et probablement chez Euripide[44], mais il les refond d'une manière originale. Non contentes de s'adonner à d'amères lamentations à propos de leur sort, Andromaque et sa belle-mère veulent rivaliser dans le malheur et se faire attribuer le rôle le plus tragique:

> ANDR.: Ha Madame, pleurés
> Des traits les plus perçans que l'on nous ait tirés,
> Mon fils est au pouvoir d'une troupe inhumaine.
> HECUBE: Et l'on vient d'entrainer à mes yeux Polixene.
> ANDR.: Ulysse en est le chef à sa perte animé.
> HECUBE: Et c'est le bras de Pyrre au meurtre acoútumé.
> ANDR.: Il le veut voir lancer des tours de nôtre ville.
> HECUBE: Il la veut immoler sur le tombeau d'Achille.
>   (vv. 1289-1296)

La référence à Pyrre oblige Andromaque à reconnaître les souffrances de sa belle-mère, mais elle reste préoccupée par sa propre situation: "Quoy Pyrre, ce brutal dont je suis le butin!". Hécube répond de même: "Ulysse, à qui me donne un aveugle destin!". Andromaque modifie sa position quand elle s'avoue prête à reconnaître qu'elles se trouvent toutes les deux dans une situation intolérable ("Je voy bien qu'aujourd'huy le sort injurieux / A nous persecuter se rend ingenieux"), mais Hécube reste intransigeante: "C'est bien à moy sur tout que sa rage est funeste [....]" (vv. 1297-1307). Ce

---

44 Voir les notes.

genre de rivalité dans le malheur est probablement peu susceptible de plaire au lecteur moderne[45], mais il a l'avantage de permettre la première référence à Polydore, dont Hécube se montre déjà inquiète ("de tant d'enfans à peine un seul me reste [...] / Encore [ne] sçay-je, helas, en quel état il est", vv. 1308-1310). Du point de vue de la structure de la pièce, cette rivalité rappelle très clairement au spectateur le sort qui menace Astianax, qui a été un peu éclipsé par l'attention accordée à Polyxène au cours du troisième acte.

Les récits de la mort d'Astianax et de Polyxène suivent de très près la version de Garnier (*La Troade*, vv. 1825-1982, 2067-2162), mais c'est Hécube plutôt qu'Andromaque qui se rend compte de la nécessité de s'occuper du corps de son fils (vv. 1391-1397, cf. Garnier, *La Troade*, vv. 1839-1840, 1967-1971). Andromaque est immobilisée par la douleur; mais son inaction ici s'accorde avec son comportement dans le deuxième acte, quand elle devait compter sur Cassandre pour toute suggestion pratique. Ses lamentations, tissées d'idées et d'expressions tirées de Garnier et peut-être d'Euripide (voir les notes) sont pour la plupart très réussies. Ses remarques à propos du bouclier d'Hector (qu'on a utilisé comme brancard - vv. 1429-1436) sont plus prosaïques que les discours équivalents chez Garnier (*La Troade*, vv. 1973-1982) et chez Euripide (*Les Troyennes*, vv. 1194-1202). En revanche, l'apostrophe à son fils défunt développe de façon très émouvante l'idée de la réunion dans la mort (vv. 1415-1424).

Il y a quelques variations intéressantes dans le récit de la mort de Polyxène. Tout d'abord, Sallebray insère une allusion à Cassandre qui rappelle sa colère à la fin du troisième acte ("Cassandre furieuse allant trouver le Roy, / Troubla de ce malheur mes compagnes et moy", vv. 1461-1462). D'autre part, il omet un détail concernant Agamemnon qui figure dans *La Troade* de Garnier (vv. 2139-2140) tout comme dans l'*Hécube* d'Euripide (vv. 553-554), où on voit Agamemnon accorder à Polyxène le droit de se présenter elle-même à son bourreau. Etant donné l'attitude somme toute sympathique de Sallebray à l'égard d'Agamemnon, on peut supposer qu'il ne voulait pas le compromettre à nos yeux en le faisant assister aussi directement au sacrifice de la sœur de Cassandre. En supprimant toute mention d'Agamemnon (même dans un rôle moins négatif que celui du fils d'Achille), Sallebray réussit aussi à mettre en relief le contraste entre le caractère forcené de Pyrre (vv. 1499-1500, 1509-1512),

---

45 On trouve des échanges équivalents dans *Les Troyennes* d'Euripide (vv. 577-607), dont Garnier supprime la plupart (*La Troade*, vv. 1817-1818).

l'unique représentant des autorités grecques, et le caractère héroïque de sa victime, qui réussit quand même à obtenir une victoire morale sur son assassin:

> ["]Frapés, j'atens le coup, ma naissance Royale
> Veut qu'en un libre état aux enfers je devale["];
> Sa resolution jointe avec sa beauté
> En ce point seulement vainquit sa cruauté,
> Il ajuste ce fer, et détournant sa veuë,
> Eut horreur comme nous du coup dont il la tuë. (vv. 1517-1522)

On pourrait croire que ces deux récits - faits devant Andromaque et Hécube - combleraient, pour ainsi dire, les vœux des deux Troyennes, qui ont déjà indiqué qu'en les écoutant, elles voudraient souffrir au point d'en mourir (vv. 1333-1336, 1455-1458). Elles doivent, cependant, écouter un troisième récit - inattendu, cette fois: celui de la découverte du corps du dernier fils d'Hécube, Polydore (vv. 1527-1544). Ce récit les remplit de haine et leur ôte tout désir de mourir (vv. 1545 et ss.). Sallebray simplifie et condense cette partie de la scène qu'il a trouvée chez Garnier (*La Troade*, vv. 2213-2298). La découverte du corps (trouvé au bord de la mer alors qu'on s'occupait de la toilette funéraire de Polyxène) est décrite avec moins de détails pittoresques, et les imprécations, les lamentations et les projets de vengeance d'Hécube sont combinés dans un seul discours où Sallebray trouve quand même place pour les plaintes anti-auliques qui étaient de rigueur au XVIe et au XVIIe siècle (vv. 1569-1574).

Le Troyen, qui est resté auprès de la reine après avoir annoncé la mort d'Astianax dans la scène précédente (scène 3), prend le rôle du chœur chez Garnier et informe Hécube que l'objet de sa haine (Polymestor, roi de Thrace, auquel elle avait confié Polydore) se trouve dans le camp grec. Cela donne à Hécube l'idée d'aller l'assassiner (vv. 1591-1600). Ainsi se prépare le cinquième acte.

Acte V

En général, Sallebray suit Garnier d'assez près. Il faut remarquer, cependant, plusieurs innovations. Tout d'abord, il inclut Andromaque dans le groupe de Troyennes qui aident Hécube à aveugler Polymestor[46]. Etant donné sa timidité et son peu de sens pratique dans les actes précédents, cette décision pourrait nous surprendre. Il faut remarquer, cependant, que cette stratégie permet à Sallebray de réunir sur la scène tous les personnages troyens qui restent en vie à la fin de la pièce[47]. Plus important encore, on pourra en déduire que, par suite des coups successifs de la fortune, un changement s'est opéré dans la personnalité d'Andromaque, et cela à partir de la fin du quatrième acte, où c'est elle qui conseille à Hécube de modérer sa fureur et de recourir à la ruse pour tuer Polymestor (vv. 1601-1602).

On note aussi que Sallebray a supprimé l'aspect le plus répugnant de la vengeance d'Hécube: le meurtre des enfants de Polydore. Les bienséances interdiront la plupart des spectacles sanglants dans la deuxième moitié du siècle, mais l'exemple du *Thyeste* de Monléon (1638) et de la *Crisante* de Rotrou (1639) prouve qu'on n'avait pas perdu le goût du sang à cette époque[48]. Sallebray semble se trouver à mi-chemin dans ce domaine puisqu'il conserve les imprécations haineuses d'Hécube (qui voudrait "Du cœur de ses enfans luy batre le visage" (v. 1581) et lui "arracher le cœur et les entrailles" (vv. 1815-1818), mais il empêche son personnage de passer à l'acte. Il lui permet, par contre, de préparer une vengeance plus ironique: puisque le roi de Thrace a tué Polydore pour pouvoir garder l'or qui lui avait été confié, elle utilisera des instruments faits du même métal pour le punir, en l'occurrence ses épingles à cheveux (*supra*, pp. viii-ix).

Comme chez Garnier et Euripide, Hécube tend un piège à Polymestor en lui faisant chercher un autre trésor qu'elle dit avoir caché dans sa tente. L'agression dont le roi sera victime aura lieu donc en coulisse, ce qui augmente le suspens. Le Troyen , qui assume le rôle joué par le chœur chez les deux prédecesseurs de Sallebray, se réjouit de la punition qui attend le parjure (scène 4). Notre dramaturge profite de cet intervalle pour réintroduire Agamemnon et Cassandre (scène 5), qui, tout à fait inconscients de ce qui se passe dans la tente d'Hécube, se disputent à propos de la mort d'Astianax et de Polyxène. Sallebray prolonge ainsi

---

46   Elle a dû prendre un rôle très actif. Voir sa remarque: "Il nous est échapé d'une étrange façon" (v. 1812).
47   A l'exception du Troyen. L'absence de celui-ci n'est pas exceptionnelle puisqu'il s'agit d'un personnage secondaire. Notons, cependant, que, quand il quitte la scène, c'est pour aider les Troyennes à assassiner Polymestor (vv. 1727-1728). Le fait qu'il ne revient pas à la scène confirme que l'acte de vengeance est perçu ici comme étant exclusivement un acte féminin. Voir *infra* n. 54.
48   Voir Scherer, *Dramaturgie classique*, pp. 415-416.

l'intervalle pendant lequel nous nous attendons à entendre les cris de Polymestor.

Quand on entend Agamemnon déclarer son amour à Cassandre, qui le repousse, on croirait être revenu à notre point de départ dans le premier acte. Cette fois, par contre, Cassandre est prête à lui déclarer directement quels sont les malheurs que, en tant que prophétesse, elle sait lui devoir arriver (vv. 1757-1758). Elle n'y parvient pas, pourtant, parce que Polymestor, les yeux ensanglantés, fait irruption sur la scène. Comme souvent dans la pièce, Sallebray ménage ici des effets d'une ironie extrême. Aveugle devant l'abîme qui le sépare à jamais de Cassandre, Agamemnon vient de lui jurer "par [ses] yeux" (à elle) que les morts d'Astianax et de Polyxène seront vengées (vv. 1751-1752). Le spectateur n'est donc pas du tout impressionné quand, intervenant pour calmer l'assassin aveugle qu'il a devant lui ("Ne craignés rien, je suis Agamemnon", v. 1779), l'amant bafoué de Cassandre semble revendiquer le prestige qui devrait lui revenir en tant que roi. Polymestor, de son côté, ne peut voir qu'Agamemnon est accompagné de la princesse troyenne. Il croit pouvoir alors insister sans danger sur les "services" qu'il a rendus aux Grecs et avouer l'assassinat de Polydore dans la présence même de sa sœur (vv. 1796-1806).

Conformément à sa nature énergique, celle-ci ne maîtrise qu'avec beaucoup de difficulté le désir qu'elle ressent de le poignarder sur place (vv. 1795, 1802). Elle en est empêchée par l'arrivée d'Hécube et d'Andromaque, qui se sont lancées à la poursuite de Polymestor (scène 7). Polymestor meurt sur scène en s'avérant justement puni (vv. 1813-1814). Hécube, par contre, insiste qu'à ses yeux la punition qu'a reçue le roi de Thrace a été trop faible. Tout cela met Agamemnon - encore une fois - dans une situation difficile. Chez Garnier (*La Troade*, vv. 2611-2616) comme chez Euripide (*Hécube*, vv. 1130-1131, 1240-1251), il intervient en tant que roi pour condamner Polymestor. Chez Sallebray, il n'intervient qu'en tant que soupirant de Cassandre ("Vous verriés cette noble et legitime flame / Qui me fait destiner Cassandre pour ma femme", vv. 1841-1842)[49]. Il dit bien qu'il *aurait voulu* punir Polymestor lui-même (vv. 1843-1844); mais son affirmation ne fait que faire mieux ressortir son caractère inefficace.

Quand Taltybie annonce le retour des vents nécessaires pour que la flotte grecque puisse faire voile ("Enfin tout contribuë à retourner en

---

49 Chez Euripide, Agamemnon précise qu'il ne voudrait pas que l'on croie qu'il agit en amant de Cassandre (*Hécube*, vv. 852-856).

Grece, / Et l'on entend déja mille chans d'alegresse", vv. 1869-1870),
Agamemnon en remercie les dieux et fait un vœu sincère en faveur du
rétablissement de l'ordre moral:

> O Ciel! si tu conois ce discours veritable,
> Conserve l'inocent, et puni le coupable. (vv. 1873-1874)

Il n'a évidemment pas entendu l'aparté de Cassandre qui répond aux
dernières paroles de Taltybie - et qui précède le vœu du roi grec:

> Ce sont des chans de Cygne, et malgré ses lauriers,
> On verra foudroyer quelqu'un de ces Guerriers. (vv. 1871-1872)

Le spectateur comprendra facilement le sens de ces paroles et saura donc
que, quelle que soit la sincérité des vœux d'Agamamnon, il prononce sans
le savoir sa propre condamnation.

Il est tout à fait typique de l'ironie de *La Troade* que c'est maintenant,
pour la première fois dans la pièce, qu'Hécube accepte l'aide offerte par
Agamemnon, qui l'invite à l'accompagner jusqu'à son bateau (vv. 1875-
1876). Agamemnon, lui, doit penser que c'est une période de bonheur qui
s'annonce ainsi. Hécube sait très bien, au contraire, quels malheurs
l'attendent (v. 1862). Clytemnestre le fera assassiner pour plusieurs
raisons différentes: parce qu'il a accepté de sacrifier Iphigénie à Aulis (vv.
914-916), parce qu'elle a elle-même pris un amant (vv. 337-347), et parce
qu'il a pris Cassandre pour maîtresse . Celle-ci, d'après ce que nous voyons
d'elle dans la pièce de Sallebray, acceptera d'épouser Agamemnon dans le
but même de le faire assassiner par la femme qu'il a laissée à Mycènes
(voir *supra*, pp. ix-x).

Dans la mesure où nous compatissons avec les Troyennes, dont on vient
de détruire la ville et de tuer les parents, on est tenté de regarder tout cela
comme une juste vengeance sur une armée grecque sanguinaire et
inhumaine. Nous avons vu, pourtant, qu'Agamemnon lui-même est loin
d'être inhumain. C'est précisément parce qu'il ne l'est pas qu'il est tombé
amoureux de Cassandre. Dans la mesure où sa mort sera la conséquence de
la jalousie de Clytemnestre, on pourra croire que c'est parce qu'il n'est pas
inhumain qu'il devra mourir - ce qui doit nous encourager à adopter une
attitude moins sévère à l'égard des faiblesses de ce "Roy [....] des
volupteux" (v. 1042) détesté par Pyrre tout autant que par Clytemnestre.

Cassandre adoptera elle aussi un point de vue intransigeant (v. 335), mais on peut compatir avec ce mari bafoué qui, ayant décidé de traiter sa femme avec autant d'égards que possible (vv. 431-432), s'en trouve trahi. Pire encore, il en est informé par son propre fils (vv. 445-452). Il se croit donc autorisé à donner son cœur à la jeune Troyenne (vv. 453-458), dont il ne semble jamais soupçonner la haine profonde[50].

Il s'agit là de faiblesses humaines dans le sens le plus courant du terme (manque de perspicacité, manque de force morale). On peut se demander, par contre, si la mort d'Agamemnon n'est pas en même temps le résultat d'une "faiblesse" d'un autre ordre: son refus de prendre au sérieux les arguments "machiavéliques" de Pyrre, qui voudrait se débarrasser des Troyennes. Si c'est le cas, l'on sera tenté de regarder Agamemnon sous un jour plus favorable.

Il faut se garder, évidemment, de faire d'Agamemnon un personnage trop sympathique. Le "Roy de tant de Roys" (vv. 44, 729) accepte sans protestations l'argument d'Ulysse, qui se propose d'exécuter Astianax (vv. 117-118) et, malgré les promesses grandioses faites à Cassandre au début du deuxième acte (vv. 461-470, 491-497, 499-500), il ne semble pas être intervenu auprès de son compatriote, qui vient réclamer sa victime à la scène 4 du même acte[51]. Ce roi vélléitaire semble redouter que les dieux n'exigent de lui le sacrifice d'un autre enfant (vv. 913-918), mais la référence à la mort d'Iphigénie ne nous rappelle que trop qu'il l'a bel et bien sacrifiée, et cela dans l'intérêt de la Grèce[52].

Il ne laisse pas, cependant, d'être le plus sympathique des rois grecs[53]. Les arguments qu'il utilise en faveur de la clémence au cours du premier acte (scène 1) comme au cours du troisième (scène 4) sont sans doute intéressés; mais rien n'empêche qu'ils ne soient en même temps sincères. Rien ne l'oblige, en effet, à dire à Pyrre qu'il regrette la destruction de Troie (vv. 1093-1098): ses arguments auraient été, au contraire, beaucoup plus convaincants aux yeux du fils d'Achille s'il avait suggéré que la destruction

---

50 Il se laisse facilement tromper par Cassandre au début du deuxième acte (vv. 499-510) et, face à l'ironie de celle-ci au cinquième acte ("Mais ce triste bonheur ne leur vient pas de vous", v. 1736), se laisse emporter par ses propres illusions ("Beau miracle d'Amour [...]", vv. 1741 et ss.).

51 Il faut remarquer, à la décharge d'Agamemnon, que Cassandre ne lui demande d'intervenir en faveur d'Astianax qu'au v. 1027 - bien après qu'Ulysse s'en est saisi. En effet, nous apprendrons au v. 1141 que l'enfant est déjà mort.

52 Notons que Pyrre semble le mépriser d'avoir sacrifié sa fille pour "une infame adultère" (vv. 1057-1062).

53 Voir les "hésitations" de Ménélas, qui ne fait que semblant d'hésiter avant d'accepter la nécessité de la mort d'Astianax (vv. 97-108).

de la ville avait toujours fait partie de sa stratégie, mais qu'il avait désormais atteint tous ses buts militaires et politiques.

Lorsqu'on lit pour la première fois les sentiments exprimés par Pyrre dans le premier acte à propos du danger représenté par les femmes, on est enclin à penser qu'il s'agit là de simples préjugés misogynes:

> Je l'avouë avec vous, ce sont de febles corps,
> Mais leur esprit agit par d'étranges ressors,
> Et s'ils sont secondés encor de quelque[s] charmes,
> Ils font plus d'un trait d'œil que nous avec nos armes. (vv. 131-134)

Sans vouloir le moins du monde offrir un plaidoyer en faveur d'un "brutal" (v. 990), il convient de signaler qu'il a effectivement raison[54]. Il suffit de penser à la destruction causée involontairement par Hélène (vv. 1180-1188) et à la destruction que causera volontairement Cassandre pour s'en convaincre. Si Agamemnon avait accepté le point de vue de Pyrre au début de la pièce, Cassandre n'aurait pas été en position de profiter de sa passion pour elle pour obtenir sa mort. Encore une fois, c'est l'ironie qui domine!

Suggérer que Pyrre a objectivement raison n'est pas lui pardonner ses préjugés, cependant. Sallebray n'a visiblement aucune sympathie pour lui, et ne le présente pas comme un modèle. Quels que soient ses mérites, la politique prônée par le fils d'Achille a au moins un désavantage majeur: le genre d'holocauste qu'il préconise n'aura qu'un seul résultat: faire recommencer le cercle vicieux dans lequel un massacre est automatiquement suivi par un autre massacre. Les prophéties de Cassandre le montrent clairement: c'est parce que Troie a été détruite qu'Agamemnon et Pyrre devront mourir[55]. Celui-ci est le plus brutal des rois grecs, celui-là le plus sympathique, mais l'histoire ne fait pas de distinction, pas plus que les Troyennes qui confondent les deux hommes dans la même haine.

---

54   Notons l'ironie du v. 1698, où Polymestor se demande, incrédule: "doy-je craindre une femme [?]". L'ironie est plurivalente: (1) ce sera effectivement Hécube qui sera responsable de sa mort; (2) il craint d'être assassiné par la reine pendant leur tête-à-tête . Il ne se rend évidemment pas compte du fait que, quand elle a renvoyé ses femmes, c'était pour mieux le piéger (il lui fera confiance puisqu'ils sont seuls). Plus important encore, les femmes renvoyées par Hécube prépareront le guet-apens dans la tente de celle-ci. Ulysse ne fait pas grand compte de "l'esprit d'une femme" (vv. 764-765) tout comme l'Agamemnon d'Euripide, qui fait fi de "la gent féminine" (ceci est doublement ironique puisqu' Agamemnon lui-même sera tué par une femme). Hécube n'a pas de peine à le convaincre, cependant, de l'efficacité des femmes (*Hécube*, vv. 883-886).

55   Cassandre prévoit, dans des vers d'une lucidité saisissante, la mort de Pyrre aux mains d'Oreste dès la fin du premier acte (vv. 349-354).

On comprend, certes, les réactions de Cassandre et d'Hécube, mais on regrette de voir ces deux victimes de la guerre repousser les offres du seul homme qui voudrait alléger leur sort[56]. Agamemnon compromet son propre prestige lorsqu'il fait voir à Cassandre la lettre où son propre fils lui annonce l'adultère de sa femme (II, 1), mais la satisfaction cruelle que tire Cassandre du sort qui l'attend nous encourage à regarder la future victime de Clytemnestre et d'Egisthe d'un œil moins haineux que la jeune prophétesse:

> Déja pour l'egorger son impudique femme
> Arme le bras vangeur de son Amant infame,
> Elle aprète un poignard pour son premier acueil,
> Lors son Palais souillé deviendra son cercueil,
> Et de ses yeux mourans il verra l'Adultere
> Baiser Egiste encor pour crétre sa misere,
> Sa bouche acomplira le projet de sa main,
> *Je verray d'un œil guay ce spectacle inhumain* [...]
>
> (vv. 337-344, c'est nous qui soulignons).

Quelle que soit notre sympathie pour Cassandre, l'intensité de sa haine crée une certaine distance entre elle et nous. Elle poursuit sans hésitation sa vengeance mais ne se rend pas compte qu'elle ne fait qu'imiter les Grecs, qui, comme l'indique Agamemnon au début de la pièce, croyaient eux aussi poursuivre les "indignes auteurs de tant de maux soufferts" (v. 20)[57]. Si les pièces d'Euripide (*Andromaque, Hécube, Les Troyennes*) appelèrent la pitié des vainqueurs sur les vaincus, la pièce de Sallebray montre que, vus dans une perspective plus vaste (offerte par les prophéties de Cassandre), les vainqueurs sont autant à plaindre que les vaincus et que la guerre ne pourra jamais offrir de solution véritable aux problèmes qu'elle est censée résoudre. Mais comment enrayer la machine infernale? Le conseil des rois grecs qui domine le premier acte s'avère incapable de le faire, et les rescapées troyennes y sont en tout cas rebelles. Sallebray, qui nous offre une vision clairvoyante mais tragique du destin des hommes (et des femmes), est bien trop prudent pour essayer de nous offrir une solution

---

56 L'Hécube d'Euripide semble prête à rendre justice à la bonne volonté d'Agamemnon (*Hécube*, vv. 745-746).

57 Le parallèle offert par le reproche de Cassandre ("Que vous ne seri[é]s pas l'auteur de ces malheurs", v. 415) n'est sans doute pas le fruit du hasard.

qui nous permettrait de croire à la possibilité d'un retour au genre d'âge d'or auquel fait allusion Agamemnon dans les vains espoirs qu'il cultive au début de la pièce:

> Allons sans differer aprendre à nos sujets,
> Le succez merveilleux de nos justes projets,
> Allons chasser l'ennuy qui regne dans la Grece,
> Et semer en sa place un excez d'alegresse.   (vv. 39-42).

NOTE SUR LE TEXTE

Nous reproduisons l'édition de 1641 de la Taylorian Library, Oxford, qui est identique à tous égards à l'édition de 1640 conservée à la Bibliothèque Nationale à Paris. Les modifications que nous avons apportées au texte sont les plus limitées que possible. Nous avons omis les titres courants, résolu les abréviations et adopté la distinction moderne entre *i* et *j*, *u* et *v*, *a* et *à*, *ou* et *où*, qui risquaient autrement de dérouter le lecteur moderne. Nous avons respecté le plus possible, par contre, l'orthographe et la ponctuation originelles. Là où nous avons dû les modifier pour faciliter la compréhension du texte, nous l'indiquons soit à l'aide de crochets, soit par une note.

BIBLIOGRAPHIE GENERALE

SOURCES

BOCHETEL, *La tragedie d'Euripide nommée Hecuba, traduite du grec en rythme françoise, dediée au roi,* Paris, R. Estienne, 1550 (Ière édition, 1544).

CANTER, W., *EURIPIDIS tragoediae quae extant, cum latina versione Gulielmi Canteri,* Genève, P. Estienne, 1602.

EURIPIDE, *EURIPIDIS tragoediae XVII,* éd. Aldus Manutius, Venice, 1503.

   - *Andromache,* éd. P.T. Stevens, Oxford, 1971.

   - *Andromaque,* éd. L. Méridier, Paris, 1927. (C'est sa traduction - parfois adaptée - que nous citons dans l'introduction et les notes).

   - *Euripidis Fabulae,* éd. G. Murray, Oxford, t. I (*Andromache, Hecuba*), 1902; t. II (*Troades*), 1904; t. III (*Iphigeneia at Aulis*), 1909.

   - *Troades,* éd. K.H. Lee, London, 1975.

GARNIER, R., *La Troade* , dans *Œuvres Complètes,* t. II, éd. L. Pinvert, Paris, 1923.

HOMERE, *Iliade,* éd. P. Mazon, Paris, 4 vols, 1937-1938.

   Odyssée, éd. V. Bérard, Paris, 3 vols, 1924.

RACINE, J., *Théâtre complet,* éd. A. Stegmann, Paris, 1965.

SALLEBRAY, *La Troade,* Paris, Toussainct Quinet, 1640, 1641.

SENEQUE, *Tragédies,* éd. L. Herrmann, Paris, 1924-1926.

   Nous avons consulté également le texte, commentaire et traduction préparés par E. Fantham, *Seneca's "Troades",* Princeton, 1982.

TOUTAIN, Ch., *La Tragédie d'Agamemnon,* éd. T. Peach, Exeter, 1988.

VIRGILE: *Enéide,* éd. J. Perret, Paris, 3 vols, 1980-1982.

BIBLIOGRAPHIE SELECTIVE

AUBIGNAC, Fr. Hédelin d', *La pratique du théâtre*, Paris, Sommaville, 1657.

CHARLTON, H.B., *The Senecan Tradition in Renaissance Tragedy*, Manchester, 1946.

CHARPENTIER, F., *Pour une lecture de la tragédie humaniste*, Saint-Etienne, 1979.

CHERPACK, C., *The Call of Blood in French Classical Tragedy*, Baltimore, 1958.

DELCOURT, M., *Etudes sur les traductions des tragiques grecs et latins en France depuis la Renaissance*, Bruxelles, 1925.

FARNELL, L.R., *Cults of the Greek States*, Oxford, 1909.

FORSYTH, E., *La tragédie française de Jodelle à Corneille (1553-1640): le thème de la vengeance*, Paris, 1962.

HAMMOND, N.G.L. ET SCULLARD, H.H. (éd.), *Oxford Classical Dictionary*, 2ème éd., Oxford, 1970 .

HEATH, M., "*Jure Principem Locum Tenet:* Euripides' *Hecuba*", *Bulletin of the Institute for Classical Studies*, XXIV, 1987, 40-68.

HEPP, N., *Homère en France au XVIIème siècle*, Paris, 1968.

HOLYOAKE, J., *A Critical Study of the Tragedies of Garnier*, New York, 1987.

JACQUOT, J. (éd), *Les tragédies de Sénèque et le théâtre de la Renaissance*, Paris, 1964.

KNIGHT, R.C., "Brûlé de plus de feux...", dans F. Mackenzie *et al*, (éd.), *Studies [...] presented to R.L.G. Ritchie*, Cambridge, 1949, 106-118.

- *Racine et la Grèce*, Paris, 1951.

LANCASTER, H.C., *A History of French Dramatic Literature in the Seventeenth Century*, Baltimore, 9 vols., 1929-1942.

MACLEAN, I., *Women Triumphant: Feminism in French Literature 1610-1652*, Oxford, 1977.

MOURGUES, O. de, *Racine, or the Triumph of Relevance*, Cambridge, 1967

NADAL, O., *Le sentiment de l'amour dans l'œuvre de Pierre Corneille*, Paris, 1948.

PHILLIPPO, S., "The creative legacy of Euripides: an investigation of Euripidean influence on the dramatists of 17th-century France, as seen through their response to and reinterpretation of his portrayal of Andromache", thèse de doctorat, Université de Saint Andrews, Décembre 1992.

SAKHAROFF, M., *Le héros, sa liberté et son efficacité de Garnier à Rotrou*, Paris, 1967.

SANDYS, J.E., *A History of Classical Scholarship*, New York, 3 vols., 1906-1921.

SCHERER, J., *La dramaturgie classique en France*, Paris, s.d.

STONE, D., *French Humanist Tragedy: A Reassessment*, Manchester, 1974.

STUREL, R., "Essai sur les traductions du théâtre grec en français avant 1550", *RHLF*, XX, 1913, 269-296, 637-666.

SUTCLIFFE, F. E., *Politique et culture, 1500-1600*, Paris, 1973.

LA TROADE

TRAGEDIE DE MR SALLEBRAY

Representée par la troupe Royalle

A PARIS

Chez Toussainct Quinet

1640

EXTRAICT DU PRIVILEGE DU ROY.

Par Grace et privilege du Roy donné à Paris le seiziesme de May mil six cens quarante[,] il est permis à TOUSSAINT QUINET, Marchand Libraire à Paris, d'imprimer où faire imprimer vendre et debiter en telle sorte de volume et caractere que bon luy semblera, un livre intitulé, *La Troade Tragedie, de Monsieur Sallebray, representée par la trouppe Royalle,* avec deffence à tous Imprimeurs, Libraires, et autres personnes de quelque estat, qualité et condition qu'ils soient de l'imprimer, ny faire imprimer, vendre ny distribuer d'autre impression que de ceux qui seront imprimez par ledit QUINET, ou de son consentement, pendant le temps et espace de trois ans entiers et accomplis, à commencer du jour qu'il sera achevé d'imprimer, à peine de trois mil livres d'amende, et de confiscation des exemplaires, et de tous despens, dommages et interest, comme il appert plus au long en l'original des lettres de privileges : Car tel est nostre plaisir, Donné à Paris le 16 jour de May l'an de grace 1640 et de nostre regne le 30 et scellé du grand sceau de cire j'aune.

Par le Roy en son conseil.

DEMONCEAUX.

Achevé d'imprimer pour la premiere fois, le 30 May 1640.

Les exemplaires ont esté fourniës.

A
MONSIEUR
TUBEUF,
CONSEILLER DU ROY
en ses Conseils, Intendant et
Controleur General en ses
Finances.

MONSIEUR,

    Je vous demande audience pour cinq Rois qui desirent vous entretenir de leur conqueste fameuse, et de leur grande victoire. Si les affaires de la France vous acordent pour eux une heure de loisir, ils vous diront qu'apres dix ans de siege ils ont enfin emporté cette ville superbe qui sembloit imprenable à tous autres qu'à ces divins ouvriers qui l'avoient bâtie, et je vous puis assûrer qu'apres la joye que leur donne un succez si avantageux, [i]ls n'en ont point de plus sensible que celle de vous en aporter les nouvelles. Ils sont encore en abit de triomphe, environés de gloire, tous chargés des lauriers qu'ils vienent de cueillir, et dans ce pompeux apareil ils vous parleront le langage des Dieux, à vous, MONSIEUR, qui l'entendés si parfaitement, et qui aymés ceux qui s'étudient à le bien imiter. Je ne doute point que je ne sois le moindre, mais dans le desir que j'avois de vous témoigner l'ardeur de mon affection, je n'ay pas craint de vous donner des preuves de la feblesse de mon esprit; si j'ose m'assûrer qu'elles vous seront agreables, c'est bien moins pour la beauté de l'ouvrage que je vous presente, qu'en consideration de l'illustre personne par qui ma bonne fortune veut que vous le receviés[.] J'espere qu'entre de si dignes mains il deviendra précieux, et je ne puis croire que l'envie, à qui vôtre vertu ferme déja la bouche, ne respecte encore ce que vous témoignerés aprouver; mais avec quelque rage qu'elle me puisse persecuter, je me consoleray ays[é]ment, s'il vous plaist de recevoir ce present pour une marque de la passion avec laquelle je suis,

MONSIEUR,

Vôtre tres-humble et
tres-obeissant seruiteur

SALLEBRAY.

PERSONNAGES

AGAMEMNON,		General de l'armée des Grecs,
MENELAS,	)	
ULYSSE,	)	
IDOMENEE,	)	Princes Grecs,
PYRRHE,	)	
CALCHAS,		Prophete de l'armée des Grecs.
TALTYBIE,		Heraut de l'armée des Grecs.
HECUBE,		Veufve de Priam.
CASSANDRE,	)	
POLYXENE,	)	Filles d'Hecube,
ANDROMAQUE,		[V]eufve d'Hector,
ASTIANAX,		Fils d'Hector,
ASCRETE,		Fille d'honeur de Polyxene,
UN TROYEN,		
POLYMESTOR,		Roy de Thrace.

La SCENE est en Phrygie, devant la ville de Troye qui acheve de brûler.

LA TROADE
TRAGEDIE

ACTE I

AGAMEMNON, ULYSSE, MENELAS, IDOMENEE, PYRRE,
TALTYBIE, HECUBE, CASSANDRE, ANDROMAQUE, POLIXENE.

SCENE PREMIERE

AGAMEMNON, ULYSSE, MENELAS, IDOMENEE, PYRRE,
TALTYBIE.

AGAMEMNON

Illustres conquerans qui depuis dix années
Táchés d'executer l'arrest des destinées,
Dont l'invincible bras d'un redoutable effort
A fait souvent icy l'office de la mort,
5   Et passé le pouvoir de sa dextre meurtriere,   [p. 2]
       Reduisant des Heros sous un peu de poussiere;
       Apres avoir donné mille pressans assaux,
       Rendu tant de combats, souffert tant de travaux,
       Fait contre l'ennemy de si nobles parties,
10   Soûtenu vaillamment ses sanglantes sorties,
       Repoussé dans leurs murs les chefs plus genereux,

Bràvé des Deitez qui combatoient pour eux,
Et contraint Mars luy méme au milieu des alarmes
De ceder quelquefois à l'effort de vos armes:
15   A la fin Jupiter pressé de son devoir
Permet que les Troyens sentent nôtre pouvoir [;]
Nôtre insigne valeur, malgré sa jalousie,
Rend le demon des Grecs triomphant de l'Asie,
Nous voyons dans la flame, ou tenons dans les fers
20   Ces indignes auteurs de tant de maux soufferts,
Le fameux Illion n'est plus tantost que cendre,
Et tous ces demy-dieux venus pour le deffendre,
Quoy qu'ils fussent pourveus d'un courage indomté,
N'ont pû venir à bout de ce qu'ils ont tenté,
25   Nous les foulons aux piés, et leurs testes superbes
D'une honteuse peur se cachent sous les herbes,
C'est l'infame laurier dont ils sont couronnés,
Et le prix des desseins qui les ont amenés.
          Il est temps desormais que nôtre ame contente
30   Goúte l'aymable fruit d'une si longue atente,
Il est temps de songer au retour glorieux,   [p. 3]
Qui rende [sic] à nos pays ses Rois victorieux,
Sparte brûle de voir Menelas hors de peine,
Dans un char triomphant ramener son Helene,
35   Penelope languit avec les Itaquois,
Dans l'espoir de revoir le plus prudent des Rois,
Et du meme desir la Crete infortunée,
Soúpire tous les jours apr[è]s Idomenèe;
Allons sans differer aprendre à nos sujets,
40   Le succez merveilleux de nos justes projets,
Allons chasser l'ennuy qui regne dans la Grece,
Et semer en sa place un excez d'alegresse.

ULYSSE

Prince que tous les Grecs d'un juste et digne chois
Elúrent librement le Roy de tant de Rois,
45   Vaillant Agamemnon dont la sage conduite
Tant de fois aux Troyens a fait prendre la fuite,

Qui n'avés point donné de conseils ni d'avis
Que nous n'ayons reçus, que nous n'ayons suivis,
J'aprouve encor icy vôtre loüable envie,
50   Et loin de la blâmer mon ame en est ravie;
Je sçay que la Patrie a des charmes bien doux,
Que c'est un fort ayman qui nous attire tous,
Et qu'apres ce long siege où le grand œil du monde
A dix fois achevé sa course vagabonde,
55   Il faut rendre aux enfans leurs peres satisfaits,
Aux femmes leurs époux, les Rois à leurs sujets.
    Mais avant que partir de ce champ de victoire   [p. 4]
Où le fer et la flame ont gravé nôtre gloire,
Il faut voir le brasier tout à fait consommé,
60   Que rien dans ce pays ne demeure alumé,
Que de nos ennemis la cendre refrédie
Ne donne plus sujet d'aucune perfidie,
Souvent une étincelle a produit de grands feux,
Et ceux qui sont couvers sont les plus dangereux;
65   Quoy que mille Heros nourris dans les alarmes
Mordent icy la poudre aterrés par nos armes,
De quelques grands desseins dont soient venus [à] bout
Les effors de nos bras qui se font jour par tout,
Quoy que dans peu de jours cette ville superbe
70   Avec ses Cytoiens se cherche dessous l'herbe,
Ce n'est fait qu'à demy puis qu'il nous reste encor
A perdre un rejeton du redoutable Hector:
En vain le grand Achille autour de ces murailles
Signala sa valeur dedans ses funerailles,
75   En vain derriere un char, et devant ces rampars
Il promena son corps percé de toutes pars,
La victoire des Grecs ne peut être parfaite
Que la mort de son fils ne suive sa defaite,
Tant que nous permetrons qu'il puisse respirer,
80   Nul de nous dans sa Cour ne se peut assurer,
Apres dix ans de peine en un siege inutile
Nous verrons un Hector et n'aurons plus d'Achille,
C'est dans ce Mars naissant que l'autre revivra,   [p. 5]
Son courage par luy tousjours nous poursuivra,

85   Et par luy méme un jour plus craint que le tonerre,
        Il viendra nous livrer une immortelle guerre;
        C'est un sanglant affront que les Grecs reçevroient,
        Empéchons ces malheurs qui nous arriveroient,
        Et par ce coup d'Etat qui seul nous congedie,
90   Faisons l'acte dernier de cette Tragedie,
        On ne peut s'établir jamais trop sûrement,
        Et souvent on perit pour être trop clement;
        Perdons Astianax et partageons les femmes,
        Il est à redouter plus que ces febles ames,
95   Et Menelas enfin ne sera point vangé
        S'il ne void comme nous cet enfant égorgé.

                        MENELAS

        Une injuste pitié tâche de me surprendre,
        Et me prie en secret pour un age si tendre,
        J'ay peine à consentir à ce lâche atentat,
100   Dont le coup toutefois assûre mon Etat[;]
        Pâris, Helene, affront, ressentiment, vangeance [,]
        Acourés durs pensers à cette violence,
        Venés tous repousser cette molle vertu,
        Dont avec tant d'effort je me sens combatu;
105   C'en est fait, j'y conssens, écrasons ce vipere,
        Que sa mort derechef fasse mourir son pere,
        Et que nul aujourd'huy ne reste en ce pays
        Dont les Grecs comme moy puissent étre trahis.

                        IDOMENEE   [p. 6]

        Un si juste dessein affermit nôtre Empire,
110   Et je n'en sçay pas un qui vueille y contredire.

                        PYRRE

        Si l'enfant ne suffit, exterminons encor
        Et la mere, et les sœurs, et la femme d'Hector,
        De ces serpens rus[é]s ne peuplons point nos villes,

Enterrons en ce lieu ces fardeaux inutiles,
115   Et ne nous chargeons point que de bons prisonniers,
Que d'un riche butin, d'armes, et de lauriers.

AGAMEMNON

Il en faut demeurer au sentiment d'Ulysse,
S'il n'est pas moins cruel il a plus de justice,
Quand un crime profite on peut l'executer,
120   Mais s'il est inutille on le doit detester:
Ce sexe en qui le Ciel void son plus rare ouvrage,
Que vous voulés traiter avecque tant d'outrage,
Porte des traits divins dessus son front sacré
Qui le font respecter du plus desesperé,
125   Joignés un sang royal dont il ayt pris naissance,
Quoy qu'il soit depourveu de biens et de puissance,
Il le faut adorer, et la divinité
Se confond justement avec la Majesté [.]

IDOMENEE   [p. 7]

En quoy nous pourroit nuire une troupe debille
130   Sans armes et sans biens, sans soldats et sans ville?

PYRRE

Je l'avouë avec vous, ce sont de febles corps,
Mais leur esprit agit par d'étranges ressors,
Et s'ils sont secondés encor de quelque[s] charmes,
Ils font plus d'un trait d'œil que nous avec nos armes:
135   Il n'en sera pourtant que ce que vous voudrés,
Et je tiendray bien fait ce que vous resoudrés,
De moy si je sçavois qu'ils me dûssent surprendre,
J'en cederois ma part à qui la voudroit prendre.

ULYSSE

140   Le rang que vous gardés encor sur tant de Rois,
        Vous donne, Agamemnon, le droit du premier chois.

MENELAS

J'y conssens.

IDOMENEE

     Il est juste.

PYRRE

               Et moy je vous l'octroye.

AGAMEMNON   [p. 8]

        Princes qui me comblés et d'honneur et de joye,
        Vous me donnés un chois que je veux reçevoir
        Plus de vôtre faveur que de vôtre devoir.

PYRRE

145   Sans perdre plus de temps en chose superfluë,
        Allons hâter le coup de cette mort concluë.

ULYSSE

        Achille sur Hector fit le dernier effort,
        C'est moy qui dans son fils luy doy donner la mort,
        Heritier de sa force ainsi que de ses armes.

AGAMEMNON

150   Il faut vaincre une mere, et deux fleuves de larmes.

ULYSSE

Qui peut mieux resister à ces pieux torrens?
Clytemnestre et Thetis sçavent si je m'y rens.
Laissés moy tout le soin que veut cette recherche,
J'en viendray bien à bout.

PYRRE

Cependant qu'on le cherche,
155 Nous allons d'autre part visiter nos vaisseaux,
Et les tenir tout prests à refendre les eaux.

SCENE II.   [p. 9]

AGAMEMNON, TALTYBIE.

AGAMEMNON

Tout vainqueur que je suis et tout brillant de gloire,
A quel honteux destin me voy-je enfin reduit?
Quel étrange ennemy m'ataque, me poursuit,
160 Et me ravit si tost l'honneur de ma victoire?
A peine ay-je des biens qu'ils me sont arrachés,
Je trouve dans le port mon naufrage et ma perte,
A peine de lauriers j'ay la teste couverte,
Que le feu de mon cœur les a presque seichés.
                    *
165   Que me servent dix ans de travaux et de peine,
Et le succês heureux de ce siege important,
Si Cassandre aujourd'huy devient en un instant,
De captive qu'elle est, ma maîtresse et ma Reine?
Les trais que j'ay lancés retournent contre moy,
170 Je brule par le feu que j'alumay dans Troye,
Je suis de mon vaincu le butin et la proye,   [p. 10]
Et je ressens le mal dont j'ay causé l'effroy.

*

Pardon rare beauté dont mon ame est charmée,
Je ne murmure plus de ce divin decret,
175   Je chéri mes ardeurs, et souffre sans regret
Que vous m'ayés vaincu seulle, et dans mon armée:
Mais ne me traités point avec trop de rigueur,
Ne voyés que d'un œil ce lieu qui brûle encore,
Et pour vous consoler du feu qui le devore,
180   Jettés l'autre aussi tost sur celuy de mon cœur.

*

Si l'espace est moins grand, la flame en est plus forte
C'est aux lieux resserés que le feu brûle mieux,
Celuy que j'excitay va cesser à vos yeux,
Mais le leur dans mon ame agit d'une autre sorte:
185   N'accusés point l'auteur de cet embrasement,
Ce seroit m'enseigner la façon de me plaindre,
Et par un juste Echo vous pouriés me contraindre,
A traiter vos beaux yeux injurieusement.

*

Mais c'est trop s'aréter en ces plaintes frivoles,
190   Employons des effets et non pas des paroles,
Va mon cher Taltybie en cette occasion,
Me prouver ton devoir et ton affection,
Elle est avec sa mere en ces tantes prochaines,   [p. 11]
Di luy qu'Agamemnon veut soulager ses peines,
195   Que je ne puis souffrir qu'une Divinité
Eprouve les rigueurs de la captivité,
Et que de sa vertu je fay si grand'estime,
Que je la veux tenir pour femme legitime,
Que sans choquer les loix je puis ce que je veux,
200   Et que c'est un secret reservé pour nous deux;
Va, cours, vole, et sur tout souvien toy de luy dire,
Qu'en perdant une ville elle gaigne un Empire,
Que pour elle je joins la Grece à ses pays,
Et qu'en ces deux climas nous serons obeys,
205   Je t'atens avec elle en ma premiere tante,
Songe à ne pas frustrer mon amoureuse atente.

TALTIBIE

J'y cours pour obeir à vostre Majesté.

AGAMEMNON

Use en cas de refus, de mon authorité.

SCENE III. [p. 12]

HECUBE, CASSANDRE, ANDROMAQUE, POLIXENE.

HECUBE

Pitoyables objets, hier filles de Reine,
210 Et prétes aujourd'huy de vous voir à la chéne,
Reste de tant d'enfans acablé de malheurs,
Que le ciel m['a laissé pour crétre mes douleurs,
Et vous du grand Hector la veufve deplorable
Qui ne meritiés pas ce destin miserable,
215 Quelle injuste tendresse occupe encor vos sens,
Et vous fait consoler qui cause vos tourmens?
Non ce n'est point Achille aux Troyens redoutable
Qui fut de nôtre Hector le meurtrier detestable,
Ce n'est point le vainqueur de Venus et de Mars,
220 Qui seme en ce pays l'horreur de toutes pars,
Ni la subtilité du frauduleux Ulysse,
Ni du traitre Sinon la fatale malice,
N'alument point icy le brasier devorant,
Qui fait voir à nos yeux nôtre Empire mourant,
225 Seulle j'ay fait les maux dont vôtre ame soûpire, [p. 13]
Et j'ay seulle atiré les Grecs dans cet Empire,
Ayant conçu Paris ce funeste flambeau,
Qui tout éteint qu'il est brúle et méne au tombeau.

CASSANDRE

230
Ha changés de discours, consolés vous Madame,
Et d'un nouveau tourment n'afligés point vôtre ame,
Souffrés que vos enfans partagent avec vous
Les plus rudes effets du celeste couroux,
Nous ne sçavons que trop d'où vient nôtre ruïne,
Ne vous accusés point d'en étre l'origine,
235
Je l'ay profetisée autrefois hautement,
Mais Apollon voulut que ce fût vainement.

HECUBE

Helas je l'ay préveu devant toy ma Cassandre,
Que Troye assûrement seroit reduite en cendre,
Et je portois encor dans mon coupable flanc
240
L'abominable auteur de ce feu, de ce sang,
Mais de quelque raison dont nous fussions pourveuës
Nous eûmes le malheur de n'etre jamais creuës;
Lors que la verité prédit par nos discours
Le tragique succés de ses salles amours,
245
On se mocqua de nous et de nos profeties,
Mais ces flames enfins les ont trop êclaircies.
Contre son naturel ce feu semble plus lent,
Pour donner lieu d'agir au vainqueur insolent,
Tous deux font un desordre horrible, épouventable,   [p. 14]
250
Icy l'on void des gens qu'une maison acable,
Là le mari, la femme et les enfans mêlés,
D'un coté tout sanglans, de l'autre tous brulés,
Le soldat aveugl[é] de fumee et de rage
Frape tout, abat tout, fait à tout quelque outrage,
255
Et pareil au brasier qui seconde son bras
Il n'epargne personne et met mon trône à bas.
Les temples aujourd'huy ne sont plus un azile,
On les a profan[é]s, et dans toute la ville
Je ne sçay point de lieux si saincts ni si secrets,
260
Qui ne soient ravagés de la flame ou des Grecs:
Le sang que verse là cette troupe homicide

A ses yeux étonés parét un feu liquide,
Et le feu véhement qu'on void étinceler,
Semble encor mieux du sang qui rejalit en l['']air,
265 Bref on n'entend que cris, que hurlemens, que plaintes,
On ne void rien qu'horreurs et que sujets de craintes,
Et ce mélange afreux de la flame et du fer,
Fait du vaste Illion un tableau de l'enfer.

ANDROMAQUE

De moy tant de sujets de douleurs domestiques
270 M'empechent bien icy de songer aux publiques,
Je pleure seulement Hector assassiné,
Hector devant ces murs cruellement trainé,
Hector de qui le bras soûtenoit cet Empire,
A ce ressouvenir, Dieux, faites que j'expire,
275 Je seray trop ingrate à son ombre, à son rang, [p. 15]
Si je n'ecris mon dueil avec des pleurs de sang:
De Troye et des Troyens les tristes destinées,
Dans la fin de ses jours se vîrent terminées,
Nous penchames deslors n'ayant plus son apuy,
280 Nôtre perte des lors fut celle d'aujourd'huy,
Et des lors on vît choir d'une chûte commune
Le superbe Illion, Priam, et sa fortune.

POLIXENE

Nous avons à pleurer des maux aussi pressans,
Qui nous ont eté fais par des coups plus rêcens,
285 Coups qui feront horreur à nos races futures,
Sans remettre le fer à nos vieilles blessures,
La mort du grand Priam, execrable atentat,
Plus funeste à mon cœur qu'il n'est à cet Etat....

CASSANDRE

Ma sœur.

POLIXENE

Dieux!

CASSANDRE

Elle pâme.

ANDROMAQUE

Ha malheureuse Reine [!]

HECUBE

290   Je meurs à ce penser ma chere Polixene.   [p. 16]
       Entre tes bras sacrés, grand Dieu, qu'as-tu permis?
       Qu'avés vous veu mes yeux? Pyrre qu'as-tu comis?
       Poignarder mon epoux, o cruauté sensible!
       Le monarque d'Asie, o sacrilege horrible!
295   Dans le temple, profane! un vieillard, lâche cœur!
       Et je ne suis point morte à cet objet d'horreur [!]
       Dieux de quelle fureur me sens-je possedée!
       Ha si de mon Hector j'eusse été secondée,
       Mais ton pere à son char l'atacha tout expres
300   Prevoyant que ta mort l'auroit suivy de pres.
       Dans le trouble où je suis qu'est-ce que mes yeux voyent?

CASSANDRE

C'est sans doute un Heraut que les Grecs nous envoyent.

HECUBE

Mes filles je prêvoy que dans ce triste lieu
Nous nous dirons bien tost un eternel adieu.

SCENE IV.   [p. 17]

HECUBE, TALTYBIE, CASSANDRE, ANDROMAQUE,
POLYXENE

HECUBE

305   A quel nouveau malheur sommes[-]nous destinées?
Ne vous semblons nous point ass[é]s infortunées?
Vien tu nous anoncer qu'il faut mourir icy?
Tu sois le bienvenu, Heraut, s'il est ainsi.

TALTYBIE

Le Prince Agamemnon n'ayant pú se deffendre,
310   Contre les trais divins des beaux yeux de Cassandre,
M'a fait commandement, suivant l'offre des Grecs,
De venir de sa part terminer ses regrets,
Voicy ce qu'il m'a dit pour preuves plus certaines,
["]Di luy qu'Agamemnon veut soulager ses peines,
315   Que je ne puis souffrir qu'une Divinit[é],
Eprouve les rigueurs de la captivité,
Et que de sa vertu je fay si grand[']estime,
Que je la veux tenir pour femme legitime["].

HECUBE   [p. 18]

Minerve l[']a receuë au vœu de chasteté.

TALTYBIE

320   Elle en est delivrée étant sans liberté.

HECUBE

He bien soit qu'à des fers elle soit destinée [.....]
Mais n'est-il pas deja sous la loy d'Himenée?

TALTYBIE

Un secret important reservé pour eux deux
Rend juste son amour, et pudiques ses feux;
325   Avec impatience il atend dans sa tante,
Souffrés que mon retour réponde à son atente,
Et que je l'y conduise.

CASSANDRE

Ouy, marche, je te suy.

ANDROMAQUE

O fatal mariage!

POLYXENE

O trop sensible ennuy!

HECUBE   [p. 19]

Quoy, pour comble des miens je verray ma Cassandre
330   Dans les bras d'un cruel qui nous reduit en cendre.

CASSANDRE

Consolés vous Madame, apaisés vous mes sœurs,
Où vous croyés du fiel j'y treuve des douceurs,
Je cheris cet Hymen dont le flambeau funeste
Causera plus de maux que la guerre et la peste,
335   Par luy ce láche époux me donne les moyens
De vanger mes parens, ma ville, et les Troyens;
Deja pour l'egorger son impudique femme
Arme le bras vangeur de son Amant infame,
Elle aprète un poignard pour son premier acueil,
340   Lors son Palais souillé deviendra son cercueil,
Et de ses yeux mourans il verra l'Adultere,

Baiser Egiste encor pour crétre sa misere,
Sa bouche acomplira le projet de sa main,
Je verray d'un œil guay ce spectacle inhumain,
345 J'aperçois en suivant le parricide Oreste,
Qui massacre sa mere, et le fils de Tyeste,
Rejouy toy mon ame à ces objets d'horreur,
Et d'un contraire effect second[é]s sa fureur;
Mais un dernier trepas reste à nôtre alegeance,
350 Poursuis Oreste, acheve une juste vangeance,
C'en est fait, je le voy qui donne un coup mortel
A ce meurtrier de Rois, dans le Temple, à l'autel;
Si son bras sur mon pere [a] sa rage assouvie, [p. 20]
Son sang assouvira nôtre funeste envie,
355 Je sçay bien que ma mort suit ces premiers malheurs,
Mais pas une de vous n'en doit verser de pleurs,
Car je mourray contente apres cette deffaite,
Et mon ame aux enfers s'en ira satisfaite,
Ce profetique espoir console mon soucy.

[*Cassandre sort avec Taltybie*]

SCENE V.

ANDROMAQUE, POLIXENE, HECUBE

ANDROMAQUE

360 Ma sœur, ma chere sœur, nous quités vous ainsi?

POLIXENE

Madame permettés que j'aille sur ses traces.

HECUBE

Je succombe à ce coup sous ces rudes disgraces,
Mes filles je me meurs[;] menés moy sur mon lit.

POLIXENE   [p. 21]

365   O Dieux je sens aussi que mon cœur s'afeblit,
Donnés comme la peine une force nouvelle.

ANDROMAQUE

Allons dans nôtre tante expirer avec elle.

Fin du premier Acte.

AGAMEMNON, CASSANDRE, ANDROMAQUE, ASTYANAX,
ULYSSE, et sa suitte.

_____

SCENE PREMIERE

AGAMEMNON, CASSANDRE

AGAMEMNON

Vous vous étonerés, objet rare et charmant,
De l'indigne façon dont agit un Amant,
Et je confesse aussi que cette procedure
370   Vous doit sembler etrange, et de mauvais augure:
Je sçay bien qu'un vassal doit aller à son Roy
Luy vouër à genoux son service et sa foy,
Que dans quelque haut rang qu'il se fasse conêtre,
C'est [à] faire au captif d'aller trouver son maitre,
375   Et que sans consulter son courage ou son cœur,
Le vaincu doit tousjours rechercher son vainqueur;
Mais dans le triste êtat où le destin me brave,   [p. 23]
Je procede en malade et non pas en esclave,
Et le trait de vos yeux qui m'a percé le sein,
380   M'oblige à vous traiter comme mon medecin.
Je vous ay découvert quelle étoit ma blessúre,
Donnês quelque remede aux peines que j'endure,

Et ne m'accusés pas de force ou de mépris,
Evitant de la Reine et l'aspect et les cris.

CASSANDRE

385   Si le ciel m['] a privé du rang de ma naissance,
      Il ne m'a pas encore ôtê la conessance,
      Et je voy bien, Seigneur, que ce beau compliment,
      Ne va qu'à deguiser vôtre comandement;
      Vous voulés que mon cœur d'une flame serville,
390   Brûle pour vous complaire avecque nôtre ville,
      Et flatés mes malheurs de fausses dignités,
      Pour me faire aprouver d'infames lâchetês,
      Mais dessous quelques fleurs que le serpent se glisse,
      Quelques charmans apas qui cachent mon suplice,
395   Il est aysé de voir à quoy vous aspirés,
      Et je conoy les fers encor qu'ils soient dorés,
      N'esperès pas pourtant acrétre vôtre gloire
      De cette malheureuse et funeste victoire,
      Il vous en couteroit.....

AGAMEMNON

      Ha quittés ce discours,
400   Et songês seulement à me donner seçours,
      En demandant ce bien je ne fay pas un crime,   [p. 24]
      Et le feu dont je brúle est un feu legitime.

CASSANDRE

      Quand les Grecs obstinés à perdre les Troyens,
      N'auroient pas employ[é] tant de lâches moyens,
405   Quand je ne verrois pas ces flames criminelles
      Assouvir les desirs de leurs ames cruelles,
      Quand nôtre grand Hector cedant aux loix du sort
      N'auroit pas éprouvê la honte dans la mort,
      Qu'un pere assassinê, Dieux ce penser me tuë,
410   Ne se montreroit pas à mon ame abatuë,

Qu'une mere et des sœurs que l'on destine aux fers,
Ne metroient pas le comble à mes tourmens divers,
Que je ne verrois pas cette illustre personne,
Sans pouvoir, sans pays, sans biens et sans couronne,
415   Que vous ne seri[é]s pas l'auteur de ces malheurs,
[Ni] la source fatale et de sang, et de pleurs,
Pouroy-je consentir à ce triste Hymenée,
Scachant bien que dé-ja vôtre ame est enchainée?

AGAMEMNON

Enfin c'est maintenant que mon cœur doit s'ouvrir,
420   Et c'est l[à] le secret qu'il vous faut decouvrir,
Ma langue[,] ne crains point [;] force icy toute honte,
Le remede est tout prest au mal qui nous surmonte.
     Ouy Madame il est vray; mon ame d[è]s long temps
Dans ces liens sacrés bravoit les plus contens,
425   Et les aymables fruits de ma couche Royale   [p. 25]
Prouvoient ass[é]s par tout nòtre amour conjugale,
J'étois aymé, j'aymois, et nos cœurs bien unis
Goútoient inocemment des plaisirs infinis,
Quand l'affront de mon frere excita mon courage
430   A venir en ces lieux pour vanger son outrage.
     Que je fus imprudent de quitter ma maison
Sans donner à ma femme une honéte prison,
Le trop de liberté, son humeur, mon absence,
Luy furent trop d'apas à prendre une licence,
435   Dix ans de solitude étoient un pas glissant,
Pour ebranler l'esprit dans ce corps languissant,
Et malgr[é] le pouvoir de mon doux artifice,
J'apréhende tousjours les effors de ce vice.
Mais sans continuer ces discours superflus,
440   Lis[é]s ce que mon fils me mande la dessus,
Mon deplaisir s'acroit, et mon ame s'irrite
En voyant ce papier où ma honte est écritte,

CASSANDRE *bas*

Prens courage mon cœur en cette occasion,
C'est déja quelque effet de ma prediction.

Elle lit la lettre qui suit

445   *Ma main refuse son office*
              Au discours que je vous écris,
        Je suis tout à la fois et bon et mauvais fils,
        Mais l'honneur apres tout l'emporte sur le vice.
              Laissés les Troyens en repos,   [p. 26]
450   *Préferés vous à vôtre frere,*
        Ma mere avec Egiste.......Ha jugés de ces mots
        Ce que je n'ose dire, et que je ne puis taire.
                                        ORESTE.

AGAMEMNON

        Hé bien m'accusés vous encor de lâcheté
        Preferant vos atrais à l'impudicité?
455   Puy-je pas justement répudier ma femme?
        Doy-je pas retirer ma foy de cette infame?
        Et n'est-il pas trop vray que suivant mes desseins
        Je ne la puis remettre en de plus belles mains?
        Vueillés la recevoir en faveur d'Hymenée,
460   Consolés d'un aveu ma triste destinée,
        Unissons à la fois nos pays et nos cœurs,
        Que par là les vaincus devienent les vainqueurs,
        Que de saintes ardeurs nos ames soient brûlées,
        Faisons naître un Phœnix de nos cendres melées,
465   Unique en son espece, en puissance, en valeur,
        Qui répande la joye où regne la douleur,
        Qui sur tout l'Univers tenant l'aile étenduë
        Vous rende avec usure une ville perduë,
        Et vous fasse adorer aux lieux plus écartés,
470   Où le soleil jamais ayt porté ses clartés.

CASSANDRE

Il m'importe fort peu dans mon sort lamentable
Que ce discours soit faux ou qu'il soit veritable,
L'êtat où je me treuve avecque mes parens   [p. 27]
Me defend d'aspirer à ces biens aparens;
475   Croiriés vous bien Seigneur, que je fusse insensée
Jusqu'au point d'avoir eu cette lâche pensée?
Que je pûsse songer à vous donner ma foy
Aujourd'huy que je pers et mon pere et mon Roy?
Que je pûsse monter au trône de Mycênes,
480   Aujourd'huy que ma mere est destinée aux chaines,
Aujourd'huy que mes sœurs par un cruel destin
De quelque infame Grec se verront le butin?
Vous meme, quelque ardeur qui fût dedans vôtre ame
Pouriés vous conserver une pudique flame,
485   Pour un cœur qui suivroit un injuste bonheur,
Au mepris du devoir, du sang, et de l'honeur?
Non vous étes trop sage et moy trop genereuse,
Et l'un et l'autre enfin me font moins malheureuse.

AGAMEMNON

C'est icy mon Amour qu'il faut faire un effort,
490   Pour vaincre tout ensemble, et les Grecs et le sort.
Ouy Madame esperés un succes tout contraire,
De ce noble dessein rien ne me peut distraire,
Je m'en vay de ce pas employer mon pouvoir,
Ou plustost m'acquiter de ce pressant devoir,
495   Consolés cependant la Reine vôtre mere,
Alegés de vos sœurs la douleur trop amere,
Et faites moy l'honeur....

CASSANDRE   [p. 28]

Ne perdés point de temps,
Ainsi puisse le Ciel rendre nos vœux contens.

AGAMEMNON

Adorable souhait dont mon ame est charmée,
500   Je puis en ta faveur forcer toute une armêe.

SCENE II.

CASSANDRE, *seulle*

Tu t'abuses cruel, infame suborneur,
Qui tiens mon bien, ma vie, et crois m'ôter l'honeur,
Quoy que ton lâche cœur espere de Cassandre,
Tant que vivra le sien tu n'en dois rien atendre,
505   Je ne te flate ainsi qu'à fin de t'outrager,
Et ces vœux que je fay ne vont qu'à me vanger,
Mais revoyons la Reine, et mes sœurs éplorées,
Qu'un furieux depart aura desesperées,
Et parmi tant de maux où je n'espere rien,
510   Consolons leur esprit de l'atente d'un bien.

SCENE III.   [p. 29]

ANDROMAQUE, ASTIANAX, CASSANDRE.

ANDROMAQUE

Guide moy, juste Ciel, dans le fond de quelque antre,
Terre pour nous cacher reçoy nous dans ton centre.

CASSANDRE

Andromaque, ma sœur, quel important dessein
Conduit icy vos pas, vôtre fils à la main?

ANDROMAQUE

515   Ha ma sœur qu'à propos en ce lieu je vous treuve,
         Sauvés du grand Hector et le fils et la veufve,
         Par des soins paternels son ombre le deffend,
         Employons nous aussi pour ce commun enfant,
         C'est luy qui doit un jour vanger ses funerailles,
520   Luy qui doit relever nos superbes murailles,
         Qui doit étre le Roy de nos peuples épars,
         Qui les doit rassembler en de nouveaux rampars,
         Qui des Grecs triomphans doit faire un jour sa proye,   [p. 30]
         Ressusciter l'Empire et la gloire de Troye,
525   Et soúmettre à son tour ces lâches ennemis,
         A qui cruellement le sort nous a soúmis.
            Mais quel est ce penser et cet espoir frivole!
         Un songe, une fumée, une ombre me console,
         Je parle de butin, de sujets et de Roy,
530   J'espere que des Grecs mon fils sera l'effroy;
         Et par le triste arrest des puissances suprémes,
         Nous ne sçaurions chez nous disposer de nous mémes [!]
         Ils ont en leur pouvoir nôtre vie et nos biens,
         Nous destinent sans doute à de honteux liens,
535   Et toy mon cher enfant pour qui seul je soûpire,
         A quelque autre malheur peut étre encore pire.

CASSANDRE

Quelle nouvelle peur a troublé vos esprits?
Et quel funeste bruit vous auroit on apris?

ANDROMAQUE

Un songe que j'ay fait

CASSANDRE

Et quand?

ANDROMAQUE

Depuis une heure,
540 Est l'important sujet dont on void que je pleure,
C'est l'interest comun[,] daignés donc l'écouter.   [p. 31]
Lors que ma triste voix ne vous pût aréter,
Et que cette fureur dont vous etiés émeuë,
Vous eút come un éclair derobée à ma veuë,
545 Hecube demi-morte et le cœur plein d'effroy,
Fût portée à son lit par vótre sœur et moy,
Ou plustost par un Dieu de qui la main puissante
Soûtint de toutes trois la feblesse penchante,
Car je vous puis jurer que nous avions besoin
550 De la même assistance, et d'un sembable soin:
A peine dans la tante étois-je encore entrée,
Qu'une douce langueur de moy s'est emparée,
Ma paupiere se ferme aux rayons du Soleil,
Et mes sens sont soúmis au pouvoir du Someil,
555 Mais ce Dieu dont le charme est un puissant remede
Contre le rude effort du mal qui nous possede,
Fút cruel pour moy seule, et par des visions
Redoubla la rigueur de mes afflictions:
Il m'a fait voir Hector mon époux, vôtre frere,
560 Non pas tel qu'animé d'une noble colere,
D'un courage hautain, et d'un port belliqueux,
Il foudroyoit les Grecs et leur flote avec eux;
Ses yeux ne lançoient plus la flame acoútumée
Qui portoit la terreur dans toute leur armée,
565 Il sembloit abatu, pâle, afreux, et lassé
Des secousses du char dont son corps fut froissé,
Pour la premiere fois j'ay veu ce grand courage,
Répandre quelque[s] pleurs sur son triste visage,
Pleurs qui s'aloient mélant à son sang precieux,   [p. 32]
570 Qui couloit de sa teste et passoit sur ses yeux,
Son poil étoit confus et tout couvert de poudre,
Peut être des Heros qui sentirent sa foudre,
Les épines sembloient en avoi[r] arraché,
Et de quelqu'une encore il étoit empéché,

575   Enfin il m'a parú d'une façon enorme,
        Ce que j'en ay pû voir étoit presque sans forme,
        Tout hideux et sanglant il m'a plû toutefois
        Ce noble et cher epoux qui feit trembler des Rois:
            ["]Levés vous, m'a t'il dit, hatés vous Andromaque,
580   Sauvés Astianax qu'un grand malheur ataque,
        Cachés-le en quelque endroit, secondés aujourd huy
        L'esperance que j'ay de revivre par luy["]:
        Peut-étre il poursuivoit ce timide langage,
        Quand la peur m'empécha d'en ouyr daventage
585   Elle emút tous mes sens, me feit ouvrir les yeux,
        Moins pour me reveiller qu'à fin de le voir mieux,
        Mais, las, à mon rêveil ma peine s'est acreuë,
        Car si tost que j'ay veu, je l'ay perdu de veuë:
        Lors j'oubliay ton fils pour toy mon cher Hector,
590   Du desir que j'avois de te revoir encor,
        Mais tu ne voulus pas contenter mon envie,
        Et ta chere presence enfin me fût ravie.

CASSANDRE

        Ne nous arrétons pas plus long temps en ces lieux.

ANDROMAQUE   [p. 33]

        Helas, où metrons nous ce tresor precieux?
595   Cette grande Cité qui n'eut point de seconde,
        Dont la gloire et le nom voloient par tout le monde,
        Sacré labeur des Dieux en ses murs anciens,
        Feconde en beaux Palais, abondante en tous biens,
        Et dont les tours n'êtoient d'une hauteur extréme,
600   Que pour communiquer avec Jupiter même,
        N'est plus rien maintenant qu'un spectacle d'horreur
        Où la flame et les Grecs exercent leur fureur,
        Triste objet de pitié comme autrefois d'envie,
        Qui de nos ennemis a la rage assouvie,
605   Si bien que de ce lieu si fameux et si grand,
        A peine en reste t'il où cacher un enfant.

CASSANDRE

Si vous le trouvés bon, il le faudroit conduire
Au sepulcre d'Hector, que Priam fit construire,
C'est un lieu reveré....

ANDROMAQUE

Redouble[,] mon soucy.

CASSANDRE

610 Méme des ennemis, et fort proche d'icy,
Je ne sçay point de lieu qui soit plus salutaire,
Doutès vous de fier un enfant à son pere?

ANDROMAQUE   [p. 34]

Non pas ma chere sœur, méme puis que c'est luy,
Dont l'ombre charitable en prend soin aujourd'huy,
615 Mais j'ay peur d'y laisser une vie ennuyeuse,
Et par là découvrir nôtre fraude pieuse,
N'importe, avançons nous vers ce lieu triste et saint,
Dûssay-je rencontrer ce que mon cœur y craint.

*Icy on tire une
toile et le tom-
beau paret
dan[s] un Temple*

CASSANDRE

Le voicy, hâtons nous ma sœur, le temps nous presse,
620 Faites tréve à present avec vôtre tendresse,
Enfermês cet enfant dêjà l'effroy des Rois,
Devenés sa marâtre et sa mere à la fois,
Le mettre en ce tombeau c'est luy sauver la vie,

L'endroit qui peut s'ouvrir seconde nôtre envie,
625   [Ç]a, vîte, dépêchons, vos discours superflus...

ANDROMAQUE

Hê bien donc mon cher fils, ne deliberons plus,
Entre vif au sepulcre, ô pietê cruelle!
Effet prodigieux d'une amour maternelle!
Ha je sens que mon cœur par la moitié se fend!
630   Juste Ciel pers la mere et conserve l'enfant.
Tu recules mon fils, ha noble conessance,
Déja cette action prouve bien ta naissance,
Par là tu parois bien le digne fils d'Hector,
Et par toy ce Heros me semble vivre encor;
635   C'est ainsi chere sœur que ce grand Capitaine   [p. 35]
Conservoit la grandeur de son ame hautaine,
C'est ainsi que jamais une honteuse peur,
Ne pût meme à sa mort s'emparer de son cœur.
Tu marches sur ses pas, ton ame est genereuse,
640   Je le voy bien mon fils, mais elle est malheureuse,
Et c'est pour ce sujet que tu dois te cacher;
Il semble que ce mot t'ayt pú déja fâcher,
Mais aprens que le sort est l'unique modelle
Sur qui se doit former la nature mortelle,
645   Que s'il se montre doux, le cœur se peut hausser,
Que s'il nous est contraire, il se doit abaisser,
Cette façon timide assûre ta Courone,
Et cet abaissement t'eleve sur un trône:
Celuy du grand Priam prest à choir aujourd'huy,
650   Veut ton corps inclinant pour luy servir d'apuy,
Ne luy refuse pas ce bien qu'il te demande,
Le Ciel en est content, Hector te le comande,
Et tu serois cruel plus que nos ennemis
Si pour ce haut dessein tu ne t'étois soúmis:
655   Qui pourroit s'oposer à leurs perfides trames,
S'ils venoient en ces lieux? un enfant, et deux femmes,
Encor comme tu vois si proches du tombeau.

ASTIANAX

Mon destin avec vous ne peut être que beau,
Souffrés que je vou[s] suive,

ANDROMAQUE　　　　　　　　　[p. 36]

Ha mon fils!

ASTIANAX

Ha Madame!

ANDROMAQUE

660　　　　Sauve toy.

ASTIANAX

Ce moyen....

ANDROMAQUE

Est seur,

ASTIANAX

Ouy, mais infame.

ANDROMAQUE

Beaux sentimens de gloire,

ASTIANAX

Honorés mon trépas,

ANDROMAQUE

Quittés un malheureux,

ASTIANAX [p. 37]

Ne m'abandonnés pas,

ANDROMAQUE

Fuïr l'asile offert,

ASTIANAX

Me pousser à ma honte!

ANDROMAQUE

Fuy plustost le danger,

ASTIANAX

Mon courage l'affronte,

ANDROMAQUE

665   Mais ton pere par toy veut prolonger son sort,

ASTIANAX

Nous revivrons tous deux par cette illustre mort,

ANDROMAQUE

Défier la mort même en un âge si tendre!

ASTIANAX

M'empéchant d'y courir au moins je veux l'atendre,
Je ne trembleray point à l'aspect d'un bourreau [!]

CASSANDRE   [p. 38]

670   Je crains qu'il ne survienne un obstacle nouveau,
       Il se faudroit háter.

ANDROMAQUE

              Acheve ce mystere,
       C'est une cruauté d'y contraindre sa mere,
       C'est un employ trop rude à qui porte ce nom.

CASSANDRE

       Je sçay bien chere sœur que vous avés raison,
675   Mais en l'executant exemptés moy de blame,
       Puis qu'aussi bien que vous je me blesse dans l'ame.
              Entre dans ce tombeau cher espoir de nos cœurs,
       Et brave ainsi la mort pour braver tes vainqueurs,
       Là, si des Immortels la haine est assouvie,
680   Tu sauves tes parens, ton Empire et ta vie,
       Là, si leur cruauté te persecute encor,
       Tu mourras pour le moins entre les bras d'Hector,
       Et comme l'heritier de sa vertu celeste,
       Tu le seras aussi de sa tombe funeste.

ASTIANAX

685   Quoy donc, il faut ceder à la necessité,
       Chacun en fait vertu, j'en fay ma lâcheté;
       Le fils du grand Hector se peut-il voir contraindre,
       Et se doit-il cacher n'ayant plus rien à craindre!
       Ombre de ce Heros dont j'ay receu le jour,   [p. 39]
690   Puis que j'entre à regret où tu fais ton sejour,

Punis un si beau crime, exauce ma priere,
Et rens mon corps égal à ta noble poussiere.

ANDROMAQUE

Ha ma sœur.

CASSANDRE

C'en est fait.

ANDROMAQUE

Helas ouy c'en est fait,
Voicy venir Ulysse achever ce forfait,
695   Ha terre ouvre tes flancs, cache mon fils, qu'il entre
Aux abîmes plus creux que recelle ton centre,
Apres resserre toy dans ton premier état.
Voyés vous comme il trâme un si noir atentat?

CASSANDRE

Quelque sensible mal que sa voix nous anonce,
700   Permetés que d'abord je luy fasse réponce,
Et tâchés cependant d'assúrer vos esprits.

SCENE IV.   [p. 40]

ULYSSE et ses Soldats, CASSANDRE, ANDROMAQUE,
ASTIANAX.

ULYSSE, *apart [sic]*

Tu mourras quoy qu'enfant, le dessein en est pris,
Les Grecs par ton trêpas vivront dans les histoires,
Et ton sang est le sceau de nos grandes victoires,

705   Courage, j'aperçois Andromaque, aprochons,
           Faisons luy découvrir son fils que nous cherchons.

                          CASSANDRE

           Laisserons nous bien tost ce malheureux rivage,
           Pour aller éprouver la rigueur du servage?

                          ULYSSE

           Tout est prest, un seul point nous arrete en ces lieux,
710   Nous craignons.....

                          CASSANDRE

                Que peut craindre un Roy victorieux?

                          ULYSSE   [p. 41]

           Hector.

                          ANDROMAQUE

                N'est-il pas mort cet époux que j'adore?

                          ULYSSE

           Non, dans Astianax ce Heros vit encore,
           C'est un feu qui s'alume, et qu'il faut amortir.

                          CASSANDRE

           Et Calcas sans cela vous deffend de partir.

                          ULYSSE

715   Ouy, mais quand ce profete auroit tû sa pensée,
           Ayant vû tant d'effets de sa force passée,

Nous devons redouter son courage avenir [*sic*],
Qui dans ce jeune sang se peut entretenir.

ANDROMAQUE

Redouter un enfant!

ULYSSE

           Mais enfant magnanime,
720   Qui de son pere mort augmenteroit l'estime,
Pardonnés ce dessein qui vous semble cruel,
C'est pour trancher le cours d'un mal continuel,
C'est pour couper la voye à de nouvelles ligues,   [p. 42]
Le soldat est lassé de ses longues fatigues,
725   Il craint, et justement, de les renouveler,
Fut-ce mon propre fils qu'on voulut immoler,
Si l'on predit jamais qu'il soit nôtre ruïne,
Je préteray la main à quoy qu'on le destine,
Le grand Agamemnon, ce Roy de tant de Rois
730   A bien fait le semblable en sa fille autrefois.

ANDROMAQUE

Plût au Ciel mon enfant, que je plains, que je pleure
M'eut-on apris le lieu qui t'arréte à cette heure,
De la flâme et du fer je braverois l'effort,
Et t'irois délivrer dans les bras de la mort.

ULYSSE

735   Ces discours et ces pleurs sont remplis d'artifice,
Et c'est bien vainement qu'on croit tromper Ulysse,
Donnés un autre objet à vôtre esprit subtil,
Ne dissimulés point, en quel endroit est-il?

ANDROMAQUE

Il est, le pui-je dire, où son pere repose:

ULYSSE

740   Répondés.

ANDROMAQUE   [p. 43]

Je ne puis vous rêpondre autre chose;
C'est à mon grand regret la pure veritê,
J'en atteste les Dieux.

CASSANDRE, *bas*

Sainte subtilité,
Pieté frauduleuse autant que necessaire,
O Ciel n'éclaire point en cet obscur mystere.

ULYSSE

745   La mort vous contraindra de nous le découvrir.

ANDROMAQUE

Menacés moy de vivre, et non pas de mourir,
Ouy, Ouy c'est seulement ce qui me reste à craindre,
Et c'est là le tourment qui me pouroit contraindre,
Mais il n'est pas besoin de me forcer icy,
750   Mes yeux prouvent assés un si cruel soucy,
Ouy je le dis encore, et puisse un coup de foudre,
Si je mens d'un seul mot, mettre mon corps en poudre,
J'ay vû, d'un accident triste autant que nouveau,
J'ay vû, di-je, mon fils entrer dans le tombeau.
755   Ha ce ressouvenir m'interdit la parole.

CASSANDRE

L'aveu joint au serment vous semble-t[-]il frivole?

ULYSSE, *à part*   [p. 44]

Allons, puis qu'il est mort il n'est plus de danger....
Mais Ulisse en ce point tu crois bien de leger,
Une femme de plus, et mere daventage,

760   Non non, de ton esprit rapelle icy l'usage,
Elle n'est point croyable avec si peu d'effort,
Au malheur de son fils qu'on destine à la mort,
Employons toute ruse, et sauvons nous du blâme
D'avoir été trompés par l'esprit d'une femme.

765   Que le sien maintenant parêt inquieté
Voyés comme elle va d'un et d'autre côté,
Sa veuë en * cet endroit est souvent arretée,   *Le tombeau
Le dueil moins que la crainte a son ame agitée,
Retournons, son teint change et comence à blémir,

770   Aprochons, elle tremble et s'efforce à gémir.
Une mere, Andromaque, est par nous consolée,
Quand de la mort d'un fils on la void desolée
Mais grace à vôtre sort qui frustre nôtre espoir,
Vous n'avés pas besoin de ce pieux devoir.

ANDROMAQUE

775   Pourquoy?

ULYSSE, *la regardant*

C'est que le vôtre...

ANDROMAQUE, *bas*

Ha ma peur est extreme[!]

ULYSSE, *la regardant encor.*   [p. 45]

Sur la plus haute tour élevé par moy méme,
Devoit être à vos yeux lancé du haut en bas.

ANDROMAQUE, *bas*

Chere sœur je fremis à ce cruel trépas.

ULYSSE

Tout va bien, cette femme en sa tremblante crainte,
780   Pour trop parétre mere a decouvert sa feinte,
Redouble mon esprit pour redoubler sa peur.
Enfin c'est trop long temps croire un discours trompeur,
Sus compagnons apres, qu'on cherche cette peste,
C'est le seul ennemy, mais le plus fort qui reste,
785   [Ç]a, visitons par tout, pour le decouvrir mieux,
Employons à la fois nos piés, nos mains, nos yeux.

ANDROMAQUE

En vain vous le cherchés.

ULYSSE

Il faut bien qu'il se treuve,
Nous n'avons de sa mort qu'une incertaine preuve,
Abatés, rompês tout, c'en est fait, il est pris.
790   Que regardés vous* là qui trouble vos espris?*C'est au tombeau

ANDROMAQUE

Je craignois seulement que l'on troubla [*sic*] la cendre   [p. 46]
De mon fidelle époux.

CASSANDRE

Voudriés vous l'entreprendre,
Apres l'avoir venduë.

ULYSSE

Et qu'importe cela [?]
Non non, n'épargnés rien, peut-être qu'il est là,
795   Voyés dans ce tombeau, renversés le par terre.

ANDROMAQUE

Vous voulés donc aux morts livrer encor la guerre [?]

ULYSSE

Ouy bien si vôtre fils ne s'y rencontre point,
Car vous devés sçavoir que Calcas nous enjoint
D'épandre sur la mer la cendre venerable
800   De ce vaillant Heros, jadis si redoutable,
Puis qu'en fin son enfant n'est pas chû de la tour,
L'un de ces deux moyens scele nôtre retour.

ANDROMAQUE   [p. 47]

O sacrilege arrest qui m'est un coup de foudre,   (*Ulisse et ses soldats*
Dans cette double peur que pourray-je resoudre, *cherchent cependant*
805   Qui des deux souffriray-je emporter aux tyrans,   *dans le Temple*).
Je prens tout à la fois deux avis differens,
Dedans cette fatale et pressante surprise,
Mon ame se partage et mon cœur se divise,
Je le sens balancer d'un et d'autre côté,
810   Et ne puis rien conclure en cette extremité:
La voix de mon amour parle en faveur du pere,
Et veut que je conserve une cendre si chere,
Ma tendresse d'ailleurs, mon sang, et mon espoir,
Pour nôtre fils vivant oposent leur pouvoir,

815   Rendons nous à l'amour d'un êpoux qui m'engage..[.]
            Mais de ce méme amour le cher et noble gage,
            Dieux des sombres manoirs et des lieux aszurés,
            Et vous mànes d'Hector sainctement reverés,
            Jettés icy les yeux, songés à le deffendre,
820   Gardés en ce cercueil et son sang et sa cendre,
            Et ne permettés pas qu'un mort ou qu'un enfant
            Comble les cruautés d'un tygre triomphant.

                            ULYSSE

            Apres tous ces discours, estes vous resoluë
            De nous souffrir plustost abattre à vôtre veuë
825   Ce tombeau qui sur tout vous devroit étre cher,
            Que d'offrir vôtre enfant qui le peut empécher?

                    ANDROMAQUE   [p. 48]

            Abattre ce sepulcre, en emporter la cendre,   *Ulisse et*
            D'une profane main je la verrois répandre,   *ses soldats*
            Ha meurs plustost mon fils. Mais aussi, mon amour, *continuent*
830   Le voir precipiter de la plus haute tour;   *de chercher*
            Quoy sans fremir d'horreur, ou sans perdre la vie,
            Je verrois d'un bourreau la fureur assouvie
            Ecraser à mes yeux contre quelque rocher
            Le corps de mon enfant et si tendre et si cher.
835   Souffrir l'un, offrir l'autre, Ha ma sœur, je retombe
            Dans ma premiere peine, et mon cœur y succombe,
            Quel sera ton conseil dans ce trouble fatal?

                            CASSANDRE

            Je ne vous dirois rien qui n'acrût vôtre mal,
            Et mon meilleur avis vous seroit detestable.

                        ANDROMAQUE

840   Ouy, la mort de mon fils me sera suportable

Pourveu que mon Hector.[...]   Mais il est en repos,
Et je puis dans son fils conserver ce Heros.
He bien, puis que l'arrest de ce mortel suplice
Contre mon propre sang veut que je sois complice,

845   Resous toy mon esprit, et prononce ma voix,
Qui vous arrète encor? dépéchés[,] faites choix.
C'en est fait, delivrons mon Hector.

CASSANDRE   [p 49]

Peine étrange!

ANDROMAQUE

Ouy, mais lequel des deux?

CASSANDRE

O funeste mélange!

ANDROMAQUE

L'un et l'autre est Hector, et l'un et l'autre est mien.

850   Abandonnons celuy qui n'est plus presque rien,
Et sauvons dans son fils l'espoir de nôtre Empire,
C'est luy seul que l'on craint, et luy seul que l'on desire.

ULYSSE

Enfin je conoy bien que c'est perdre le temps,
D'esperer de vos mains cet enfant que j'atens,

855   Ne trouvês pas mauvais suivant ce que j'ordonne,
Qu'on force tout respect de lieux et de personne.
Courage compagnons, redoublés vos efforts.

ANDROMAQUE

Avance le premier lâche cœur, feble corps,

Vaillant contre un enfant, hardi contre une femme,
860   Aproche, vien tout seul que je t'arrache l'ame.

ULYSSE   [p. 50]

Quoy, vous empéche t'elle[,] amis[?] que tardés vous?

Icy les soldats rompent
le tombeau

ANDROMAQUE

Ha revien des enfers mon genereux époux,
Quand ces fiers ennemis seroient en plus grand nombre,
Pour deffendre ton corps il ne faut que ton ombre.
865   Que voy-je miserable, ô Ciel que permets tu [?]
Tout tremble sous leurs mains, tout est presque abatu,
L'horrible pesanteur de cette grosse pierre
Va broyer mon espoir que ce cercueil enserre;
Ha cet effort m'abat, je cede à mes douleurs,
870   Ayés soin de mon fils chere sœur, je me meurs,

Elle pâme.

CASSANDRE

Dans ces extremités malheureuse Cassandre,
A qui faut il courir, et qui doy-je deffendre,
Pour la mere et l'enfant mes soins sont partagés,
Fille que pui-je helas contre ces enragés[?]

ULYSSE

875   Enfin nous le tenons, qu'on luy ferme la bouche,
De crainte, s'il crioit, que sa voix ne la touche.

CASSANDRE

O Ciel encor un coup pour qui feray-je effort?   [p. 51]
La mere entre au cercueil lors que son fils en sort.
Barbares [!]

ULYSSE

Qu'on l'emporte, adieu, le temps nous presse;
880   Ma rigueur pouroit bien ceder à leur tendresse.

SCENE V.

CASSANDRE, ANDROMAQUE

CASSANDRE

Troyens, c'est à ce coup que vous estes péris,

ANDROMAQUE

Chere Cassandre,

CASSANDRE

O Dieux!

ANDROMAQUE

Mon enfant est donc pris,
Mais l'ont ils pris vivant [?] non je me l'imagine,
Ils l'auront écrasé dessous cette ruïne,   [p. 52]
885   Il sera tout en poudre, et tous deux acablés
Et le pere et l'enfant auront été melés.

CASSANDRE

N'en croyés rien ma sœur, il est encore en vie,
Mais de peur que bien-tost elle luy soit ravie,
Je cours demander grace au Prince Agamemnon,
890 Peut-étre sa pitié m'acordera ce don,
Retournés cependant m'atendre dans la tante.

ANDROMAQUE

Laisse moy seulle icy, j'y seray plus contente,
J'atendray ton retour avecque moins d'ennuy,
L'amour m'aprendra l'art de bâtir aujourd'huy,
895 A cause du sujet j'aymeray l'exercice,
Et je commenceray par ce sainct edifice,
Mes bras sont ass[é]s forts pour cet employ pieux,
Et je veux relever ces debris precieux.

CASSANDRE

Si vous aymés Hector sortés de sa presence,
900 Et songés que son fils a besoin d'assistance,
Dans ce trouble d'esprit laissés vous conseiller,
J'auray soin que quelqu'un vienne icy travailler.

ANDROMAQUE [p. 53]

Je fay ce que tu veux, mais malgré ma sortie
Je laisse icy de moy la meilleure partie.

CASSANDRE

905 O Dieux qui conessés ce que j'ay dans le sein,
Donnés un bon succes à mon juste dessein.

[Fin du second Acte]

ACTE III.

AGAMEMNON, TALTYBIE, CASSANDRE, CALCAS,
PYRRE, et sa suitte, HECUBE, POLYXENE.

SCENE PREMIERE

AGAMEMNON, TALTYBIE.

AGAMEMNON

O Dieux! que m'aprens-tu? notre flote enchantée
Icy comme en Aulide est encore arêtée.

TALTYBIE

Dix mille matelos travaillent vainement
910   A rompre le pouvoir de cet enchantement,
Avec tous leurs efforts elle reste immobile,
Et l'on auroit plustost ébranlé quelque ville.

AGAMEMNON

Te faut-il immoler, chaste Reine des bois,
Quelqu'un de mes enfans pour la seconde fois?
915   Veux tu voir de rechef ce que l'enfer aborre?
Contre mon propre sang me doy-je armer encore?
Ha dispence mon bras d'une telle fureur,

Ce penser seulement me fait fremir d'horreur,
Tu m'y veis resolu pour venir devant Troye,
920   Mais si pour mon retour je n'ay point d'autre voye,
J'ayme mieux demeurer en ce triste sejour,
Et ne revoir jamais ces fruis de mon amour.

TALTYBIE

Que vôtre Majesté chasse loin cette crainte,
Elle vous donne en vain cette sensible ateinte,
925   Le Ciel à ce malheur ne vous a point soûmis,
Tout le mal doit tomber dessus nos ennemis.

AGAMEMNON

En sçais tu le sujet? n'est-il pas d'importance?

TALTYBIE

Si vôtre Majesté m'en donne la licence....

AGAMEMNON

Ouy, parle, je le veux.

TALTYBIE   [p. 56]

Déja l'astre du jour
930   Montoit sur l'orizon pour comencer son tour,
Quand la mer s'est fait voir toute noire d'orage,
La terre s'est ouverte ass[é]s pres du rivage,
Et l'on a vu sortir de cet abîme creux
Le fantôme d'Achile environné de feux.
935   Tel qu'il parut jadis aux premieres alarmes,
Faisant ceder Telefe à l'effort de ses armes,
Et retardant le cours du Xante qu'il bornoit
Du nombre des corps mors que leur sang y trainoit.
Ou bien lors qu'en son char superbe et plain de gloire

940	De cette avantageuse et derniere victoire,
	Trainant luy méme Hector qu'il tua de sa main,
	Il faisoit voir aux siens ce spectacle inhumain;
	Tel, ou plus fier encor nous l'avons vû parétre,
	A son port furieux les Grecs l'ont pu conétre,
945	Un glaçon de frayeur dans leur sein s'est glissé
	De sa tonnante voix il en a terracé,
	Tout fremit à l'entendre, et sa seulle menace
	Auroit épouventé le Dieu meme de Trace.
	["]Ingras, nous a t il dit, est-ce ainsi que vos cœurs
950	Reconessent le bras qui vous [a] fait vainqueurs?
	D'un coup j'ay mis Hector et sa ville par terre,
	Je vous ay guarantis d'une immortelle guerre,
	Et pour tant de lauriers que mes rares explois
	Au peril de ma vie ont acquis à vos Roys,
955	Vous refusés un Myrte à mon ombre amoureuse, [p. 57]
	Mais vous l'éprouverés desormais furieuse,
	Ma mere en ma faveur excitera ses eaux,
	Les vens vous creuseront de liquides tombeaux,
	Et tout l'enfer armé du tourment le plus rude,
960	Vous viendra châtier de vôtre ingratitude,
	Et me vangera bien de mon sensible ennuy,
	Si vous ne m'immolés Polixene aujourd'huy.["]
	Là finit sa menace, et par cette caverne
	Tout murmurant encore il rechût dans l'Averne,
965	L'antre se ressera, la mer ne gronda plus,
	Et nous restâmes seuls tout troublés et confus.

AGAMEMNON

	La sœur de la beauté que mon ame revere!
	Ha fantôme cruel, ha destin trop severe,
	Sy tost qu'elle aprendra ce funeste accident,
970	Je la vois accourir, et d'un courage ardent
	S'irriter contre moy de cette tyrannie,
	Dont nous presse aujourd'huy ce furieux Génie,
	A quelle extremité sui-je reduit encor?
	C'est bien pour mon malheur qu'il fit mourir Hector,

975   Si ce Heros vivoit je n'aurois pas dans l'ame
        Ni ces facheux soucis, ny ce feu qui m'enflame:
        Mais quoy qu'il en arrive, empechons ce trépas,
        Ne tarde point icy, retourne sur tes pas,
        Qu'on redouble l'effort pour dégager la flote,
980   Et que chaque navire ait tout prest son pilote.

SCENE II.   [p. 58]

AGAMEMNON, *seul*

AGAMEMNON

        Il ne sera pas dit qu'un fantôme insolent
        Nous fasse executer son transport violent,
        Que je ne puisse pas m'oposer à l'outrage,
        [Ni] divertir le coup d'une sanglante rage,
985   Enfin qu'Achille mort me range à son vouloir,
        Luy qui sentit vivant l'effet de mon pouvoir.
        Mais que te servira ce dessein que tu trames,
        Puis que déja les Grecs ont partagé les femmes,
        Qu'Hecube est pour Ulysse, et que d'un sort fatal
990   Andromaque est soûmise au pouvoir d'un brutal?
        Sont-ce là les effets de ta belle promesse?
        Sont-ce là les moyens d'obliger ta maitresse?
        Est-ce là luy prouver et tes soins, et ta foy?
        Enfin doit elle encor te traiter come Roy?
995   Vain titre sans pouvoir, honeur trop inutille,
        Pyrre, Ulysse, Andromaque, Amour, Hecube, Achille,
        Polixene, Cassandre, à quelle extremité
        Porterés vous en fin mon esprit agité?
        Mais ternir aujourd'huy la gloire de la Grece,   [p. 59]
1000   Et faire d'une esclave une indigne maîtresse;
        Mais frustrer de son prix la valeur de ces Rois,
        Et n'avoir point d'egar à leurs fameux explois,
        Ha c'est trop d'injustice, amour je t'abandonne,

Et ne m'atache plus qu'au bien de ma Couronne.
1005 Mais c'est bien vainement que je fay ce dessein,
Voicy qui de rechef me vient percer le sein,
Que luy pui-je nier? que luy pui-je repondre,
Si son divin aspect m[']a sçû déja confondre?

SCENE III.

CASSANDRE, AGAMEMNON

CASSANDRE

Grand Roy je me prosterne à vos sacrés genoux,

AGAMEMNON

1010 Ha je n'écoute rien Madame, levés vous,

CASSANDRE

Non seigneur permetés.....

AGAMEMNON

Que vous pui-je permettre?   [p. 60]
Est-ce de me montrer l'état où je dois étre?
Ouy je le veux ma Reine, et m'abaisser plus bas,
Puis qu'il me faut baiser la trace de vos pas.

CASSANDRE

1015 Je me leve Seigneur, et mon obeissance
Prouve déja mon sort come vôtre puissance,
Je suis vôtre captive, et le Ciel rigoureux
En cela seulement rend mon destin heureux.

AGAMEMNON

1020
Je suis vôtre captif, et le Ciel favorable
En cela seulement rend mon destin aymable.

CASSANDRE

Le deplorable êtat des Troyens acablés
Vous fait étre [à] present tout ce que vous voulès,
Mais si parmi les fers ma langue est libre encore,
Par vôtre pieté qui fait qu'on vous adore,
1025
Par ce qui vous est cher, sur tout par vos enfans,
Qu'on verra quelque jour come vous triomphans,
Sauvés Astianax de ce mortel suplice
Où le veut exposer l'impitoyable Ulysse,
Mais que dy-je, le veut, peut étre à ce moment
1030
On l'expose, on le jette, il tombe horriblement.

AGAMEMNON   [p. 61]

La Grece ou mon amour, ha fâcheuse contrainte,
Qui des deux recevra cette sensible ateinte?
Madame, en ce malheur..[.] Mais pour vôtre repos
Voicy Pyrre et Calcas qui vienent [à] propos,
1035
Permettés qu'en secret j'en parle à ce profete,
J'espere que mon ame en sera satisfaite.

CASSANDRE

Je mourrois apres luy, ne differés donc pas,   *Elle sort*
Si vous voulés aussi me sauver du trepas.

AGAMEMNON

1040
Elle n'a rien apris qui touche Polixene,
Mais je voy des objets qui redoublent ma peine.

SCENE IV.   [p. 62]

PYRRE, AGAMEMNON, CALCAS

PYRRE *à part avec Calcas*

Jugés si son Amour n'est pas impetueux,
O Roy, non pas des Grecs, mais des voluptueux,
Dans quel infame gouffre est ta gloire abimée?
Vous precipit[é]s bien le depart de l'armée,
1045   Achille est-il content pour songer au retour?
N'emportera t'il point quelque prix à son tour?
A t'il moins merité que vous et tous les autres?
Luy qui les gaigna tous, dont vous ten[é]s les vôtres,
Luy qui seul tant de fois, et tousjours des premiers,
1050   Aux portes des Troyens vous cueillit des lauriers,
Dont le bras si souvent feit l'office du foudre,
Renversant tout par terre, et metant tout en poudre,
Qui feit tomber Hector, et sa ville avec luy,
Puis qu'il en étoit seul le soûtien et l'apuy,
1055   Maintenant qu'il est mort on s'en moque, on le brave,
Refusant à son ombre une fille, une esclave [.]
Vous doutés d'immoler â ce funebre autel   [p. 63]
La fille de Priam, vôtre ennemy mortel,
Vous qui pour une Helene, une infame adultere,
1060   Exposâtes la vôtre à semblable mystere;
Quel penser scrupuleux vous fait croire un forfait,
Ce que vous sur vous même autrefois avés fait?

AGAMEMNON

Jamais les jeunes gens ne sçeurent se contraindre,
Et leur bouillante ardeur ne trouve rien à craindre.
1065   J'ay souffert autrefois, par ma seulle bonté,
L'insolence d'Achille et sa brutalité,
Heritês du pardon ainsi que de sa faute,
Mais reprenés le sens que la fureur vous ôte,
Ce n'est pas tout de vaincre, il faut voir, sans s'aigrir,

1070   Ce qu'un vainqueur doit faire, un vaincu peut souffrir [.]
        A quelque haut degré que le destin nous monte,
        Mettons nous en sa place, ou partageons sa honte,
        Il faut en l'abaissant s'abaisser dessus luy,
        Au moins si nous voulons qu'il nous serve d'apuy,
1075   Il se peut relever si rien ne l'humilie,
        Et nous pouvons tomber si rien ne nous apuye.
        Mais quoy qu'un grand bonheur ait droit d'autoriser,
        Plus on a de pouvoir, moins on en doit user,
        La fortune aujourd'huy nous porte sur sa rouë,
1080   Demain un demi-tour nous mettra dans la bouë,
        C'est un but dont jadis on me vit éloigner,   [p. 64]
        Incapable de tout, et sur tout de regner,
        Mais le sort de Priam retire icy la bride,
        Et me rend tout-ensemble et superbe et timide,
1085   Me voyant au lieu méme où ce Roy malheureux
        A senti du destin le pouvoir rigoureux
        Car, à bien raisonner, qu'est-ce qu'une Couronne,
        Qu'un beau cercle épineux qu'un faux jour environne,
        Que nous peut arracher le caprice du sort,
1090   A bien moins de dix ans, et beaucoup moins d'effort?
        La fortune en ses coups n'est pas tousjours si lente,
        Trop souvent à nous perdre elle est plus violente,
        Aussi n'etoit-ce pas ma resolution
        De mettre en cet état le superbe Illion,
1095   Je le puis assûrer sans offencer la Grece,
        Et le Ciel m'est temoin que j'eus cette tendresse,
        Je desirois sans plus que ces cœurs endurcis
        Se soûmissent un peu pour nous rendre adoucis,
        Mais vouloir retenir le soldat quand la rage,
1100   La victoire, et la nuit secondent son courage,
        C'est prétendre arréter ces torrens furieux,
        Que l'on void entrainer des rochers avec eux;
        Il faut donc à present conserver ce qui reste,
        La victoire est plus belle alors qu'elle est modeste,
1105   Enfin quoy qu'il en soit Achille n'aura pas
        La satisfaction de ce cruel trèpas,
        Cet horrible forfait perdroit ma renomée,   [p. 65]

Puis que seul je repons des fautes de l'armée.
Quiconque souffre un crime et le peut empecher,
1110   Peche plus que celuy qui comence à pécher.

PYRRE

Avés vous achevé cette vaine harangue?
Et croyés vous payer des effets de la langue?
Enfin quoy qu'il en soit mon pere n'aura pas
La satisfaction de ce juste trepas,
1115   Quel prix donc obtiendra sa valeur et sa gloire?

AGAMEMNON

L'honeur d'étre placée au temple de memoire,
C'est le plus digne prix d'un cœur ambitieux,
Et je n'en scache point au dessus que les Cieux;
Que s'il luy faut du sang, qu'on immole à sa tombe,
1120   Pour l'en rassasier, une entiere hecatombe,
Mais Polixene, ô Dieux, verser le sang royal,
Consentir à ce coup et barbare et brutal,
Bien loin de conserver sa gloire sans seconde,
Vous rendriés odieux Achille à tout le monde.

PYRRE

1125   Ha c'est trop disputer pour ce grand conquerant,
Ma langue ne doit pas finir ce different,
Ma main seulle a ce droit, par elle ta victime,
Achille, t'est acquise, elle est trop legitime,
Que si l'on la refuse à ma juste fureur,   [p. 66]
1130   Croy qu'une autre en son lieu, qui fera plus d'horreur,
Ne sera pas longtemps sans arroser ta cendre,
C'est un coup que pour toy je puis bien entreprendre,
Priam veut son semblable, il pouroit bien l'avoir.

AGAMEMNON

Vous sortés un peu loin des termes du devoir,
1135 Je pourrois bien aussi punir vôtre insolence,
Mais j'ay pour l'excuser, encor plus de clemence.
Prenons icy conseil du ministre des Dieux,
S'il le faut, j'y consens. Toy qui lis dans les Cieux,
Conoy-tu, grand Profete, en cet obscur mystere,
1140 Que pour le bien des Grecs ce sang soit necessaire?

CALCAS

Puis que selon nos vœux Astianax est mort,
Il peut seul degager nos vaisseaux de ce port,
Ils ne sont arrétés que par ce double obstacle.

PYRRE

Etes vous satisfait de ce divin oracle?
1145 Allons sans plus tarder contenter ce Heros,
Et joignons à sa gloire un eternel repos.

SCENE V. [p. 67]

AGAMEMNON, *seul.*

Astianax n'est plus, mon amour dure encore,
Ha soucy qui me ronge, ha feu qui me devore,
Il faut aymer Cassandre, et cherir son pays,
1150 Et l'une ou l'autre enfin doivent étre trahis.
Donc ce qui donne aux Grecs une paix eternelle,
Me livre à moy tout seul une guerre mortelle,
Ce remede assuré nuit à ma guerison,
Et pour moy seulement il se change en poison,
1155 Je voy bien que sur moy tout le malheur s'assemble,
Puis que je prens les fleurs et l'aspic tout ensemble.

Mais lâche que je suis contre un sort rigoureux,
Doy-je pas l'écraser cet aspic dangereux?
Doy-je pas étouffer cette peste fatale,
1160   A mon nom, à ma vie, à ma grandeur royale?
Quoy, j'auray sçeu braver le plus fier des mortels,
Dont l'insigne valeur dût avoir des autels,
J'auray sçeu ranger tout sous mon obeissance,
Faire meme du Ciel redouter ma puissance,
1165   Et vaincre apres dix ans ces peuples glorieux,   [p. 68]
Secourus de cent Rois, et secondés des Dieux,
Et je ne pourois pas éteindre dans mon ame,
Cette naissante ardeur qui s'acroit et m'enflame
Ha vain raisonement, ridicule dessein,
1170   Il faut donc m'arracher l'ame et le cœur du sein,
Il en faut donc tirer mes brulantes entrailles,
Et pour ma guerison faire mes funerailles.
Aydés moy justes Dieux et vous tout à la fois,
Car vous devés souffrir lors que souffrent les Rois.

SCENE VI.

HECUBE, POLIXENE

HECUBE

1175   Donques Achille en cendre est encor sanguinaire,
Ranimant contre nous sa fureur ordinaire,
Donc ce fier ennemy retourne de l'enfer,
Et sa voix fait encor l'office de son fer,
Ha que ta main fût feble à le mettre par terre,
1180   Toy qui dans ton pays alumas cette guerre,
Tu nous as tous blessés, mais bien differament,   [p. 69]
Tous tes parens à mort, et luy legerement.
C'est bien toy dont j'aprens cette triste nouvelle,
Toy dont depuis dix ans l'aspect seul me bourelle,
1185   Source infame des maux que nous avons souffers,

Dont l'amour feit les feux où l'on forge nos fers,
C'est toy dy-je impudique et criminelle Helene
Qu'on devroit immoler, et non pas Polixene.
Ha ma fille!

POLYXENE

Madame, apaisés vos douleurs,
1190   Et ne m'obligés point à pleurer de vos pleurs,
Ne vaut il pas bien mieux que je perde la vie,
Que de me voir aux Grecs lâchement asservie?
Heureux qui sans passer par la captivité,
De son trône aux enfers se void precipité.
1195   Quelque étrange et cruel que semble cet office,
Vous me dûssiés vous méme offrir au sacrifice,
Puis que c'est le moyen de sauver mon honeur,
C'est trop peu que du sang pour payer ce bonheur,
Il n'eut jamais de prix, et pourtant je l'achete
1200   D'un trépas seulement, encor que je souhaite:
Cette aveugle Deesse avec son fer tranchant
Ne doit épouvanter que l'ame d'un méchant,
Ha que douce est la mort qu'on reçoit sans la craindre,
Loin d'avoir ces horreurs dont je l'ay vû dépeindre,
1205   Elle parét aymable, et le coup de sa main   [p. 70]
Qui frape un malheureux, est un coup bien humain:
Voyés come forçant son caprice ordinaire
Ma constance l'oblige à m'étre moins severe,
Elle fuit l'affligé qui cherche son secours,
1210   Pour moy seulle elle avance au printemps de mes jours.

HECUBE

Je ne plains plus ton sort ma chere Polixene,
Tout mon mal à present ne vient que de ma chéne,
Chéne infame et pressante où je treuve un bourreau
Qui m'empèche aujourd'huy de te suivre au tombeau.
1215   Que ton destin est doux de perdre ainsi la vie,
Que ta mere et tes sœurs te porteront envie,

O Grecs qui nous forçés d'en étre les témoins,
Soyês nous plus cruels afin de l'etre moins:
Vous satiferés mieux ce barbare Genie,
1220   Si vous nous immolés toutes de compagnie [;]
Que si dans les enfers son hymen s'acomplit,
Doy-je pas la conduire en son funeste lit [?]
Doy-je pas honorer ses tristes epouzailes,
Qu'on ne peut celebrer qu'apres nos funerail[l]es [?]
1225   Ses sœurs pareillement y doivent assister,
Aussi bien ces objets ne vous font qu'atrister.
Mais quelqu'un vient à nous, son abord m'est sinistre,
Ha c'est de ce fortfait l'implacable ministre.

SCENE VII.   [p. 71]

PYRRE, et sa suitte, HECUBE, POLYXENE

HECUBE

Vien meurtrier de Rois, assassin de vieillars,
1230   Vien, je suis de ta proye, et l'objet de tes dars.

POLYXENE

Non non, ce n'est pas vous, Madame, qu'il demande,
Allons me voila prête à quoy qu'on me comande.

PYRRE

Le sacrifice aussi n'atend plus qu'apr[è]s vous,

POLYXENE

A ce prix seulement j'accepte cet époux.

HECUBE

1235   Prens de son meurtrier la deplorable mere,
        Ce sera pour son ombre un plus digne salaire.

PYRRE

        Au sang de Polixene il borne son desir,   [p. 72]
        Je partage avec vous ce mortel deplaisir,
        Mais c'est l'arrest du Ciel qui de vôtre famille,
1240   Pour contenter mon pere a choisi cette fille,
        Outre que de son sang dépen[d] nôtre retour.

HECUBE

        Ce n'est point un arrest de la celeste Cour,
        Impytoyables Grecs il n'est que de la vôtre,
        Et vous ne seriés pas moins satisfais d'une autre.

PYRRE

1245   Les momens desormais nous sont trop precieux,
        Ne perdons point de temps, ôtes la de ses yeux.

                    Les soldats l'emmenent.

POLYXENE

Consolés vous Madame.

SCENE VIII.

CASSANDRE, HECUBE

CASSANDRE

Funeste spectacle!

HECUBE

Non non ta mere icy forcera tout obstacle
Pour te suivre, ma fille, en ces lieux pleins d'horreur.

CASSANDRE

1250   Madame où courés vous? [quelle] est cette fureur?

HECUBE

Ha vien sans m'aréter, suy moy chere Cassandre,
On entrâine ta sœur, veux tu pas la deffendre!

CASSANDRE

Cruel Agamemnon, Prince lâche et sans foy,
Ta trahison comence, achéve la sur moy.

Fin du Troisiéme Acte

ANDROMAQUE, HECUBE, UN TROYEN, ASCRETE.

SCENE PREMIERE

ANDROMAQUE, seule

1255   Superbes Rois, puissans monarques,
           Qui bravés les Dieux et les Parques,
    Et dont l'injuste orgueil excite leur couroux;
          Venés voir l'état où nous sommes,
           Et reconessés avec nous,
1260   Que les Dieux font les Rois, et que les Rois sont hommes.
               *
        Hector n'est plus qu'un peu de poudre,
          Et celuy qui lançoit la foudre
    En a receu le coup d'un bras pareil au sien;
          Tous les jours ce peu diminuë,
1265   Il pouvoit tout, il n'est plus rien,
    Et son trône est à bas qui fût dessus la nuë.
               *
        Grandes Reines, vaines Princesses,   [p. 75]
          Qui vous fiés en vos richesses,
    Et tenés pour vos Dieux vos enfans, vos époux,
1270   Venés voir l'état où nous sommes,
           Et reconessés avec nous,
    Qu'un plus grand Dieu dispose et des biens et des hommes.

*

Ce sont les rig[u]eurs que j'epreuve,
D'un Heros deplorable veufve
1275   Je pers mon rang, mes biens, mon fils, et mon pouvoir;
A quel sort me voy-je asservie?
Tout meurt, jusques à mon espoir,
Et ce dernier-mourant me laisse encor la vie.

*

Chere sœur dont le soin console mon martyre,
1280   Que je crains ton retour lors que je le desire,
De mon fils toutefois vien m'aprendre le sort,
Et ne me celle point ou sa vie, ou sa mort,
En quelque état qu'il soit[,] un trepas favorable
Doit borner de mes jours la course deplorable,
1285   Et de quelque raport qu'on flate mon malheur,
On me verra mourir de joye ou de douleur,
Mais je n'atens déja qu'une triste avanture,
Et ton retardement m'est de mauvais augure.   [p. 76]
Quelqu'un vient, c'est Hecube.

SCENE II

ANDROMAQUE, HECUBE

ANDROMAQUE

Ha Madame, pleurés
1290   Des traits les plus perçans que l'on nous ait tirés,
Mon fils est au pouvoir d'une troupe inhumaine.

HECUBE

Et l'on vient d'entrainer à mes yeux Polixene.

ANDROMAQUE

Ulysse en est le chef à sa perte animé.

HECUBE

Et c'est le bras de Pyrre au meurtre acoûtumé.

ANDROMAQUE

1295   Il le veut voir lancer des tours de nôtre ville.

HECUBE

Il la veut immoler sur le tombeau d'Achille.

ANDROMAQUE

Quoy Pyrre, ce brutal dont je suis le butin!   [p. 77]

HECUBE

Ulysse, à qui me donne un aveugle destin!
Ha j'ay honte, en songeant à ce lâche, à ce traitre,
1300   De la captivité beaucoup moins que du maître,

ANDROMAQUE

Quel barbare Démon pour m'affliger encor,
Mele le fils d'Achille à la veufve d'Hector?

HECUBE

Celuy qui mèle aussi ses armes à la mere,
Pour prolonger le cours de ma douleur amere.

ANDROMAQUE

1305   Je voy bien qu'aujourd'huy le sort injurieux
        A nous persecuter se rend ingenieux.

HECUBE

        C'est bien à moy sur tout que sa rage est funeste,
        Puis que de tant d'enfans à peine un seul me reste,
        Polydore tout seul brave un sanglant arrest,
1310   Encor que sçay-je, helas, en quel état il est.
        Mais que veut ce Troyen les yeux baignés de larmes.

ANDROMAQUE

        Il prepare nos cœurs à de tristes alarmes.   [p. 78]

SCENE III.

LE TROYEN, HECUBE, ANDROMAQUE

LE TROYEN

        O Tygres enragés, impytoyables Grecs,
        Enfin vous avés mis le comble à nos regrets.

HECUBE

1315   De quel nouveau malheur doit crétre nôtre peine?

LE TROYEN

        Du plus grand qu'ait souffert la nation Troyenne,
        Astianax est mort.

ANDROMAQUE

Hé bien mourons aussi.
O Ciel de tant d'horreurs n'es tu point adoucy?
Rens la mere à l'enfant, rens à l'èpoux sa femme,
1320   Et rejoins nos trois corps où ne fût rien qu'une ame,
Répons avec la foudre, et fay voir par ce coup   [p. 79]
Que tu me plains un peu quand je souffre beaucoup;
Mais son silence dit que ma priere est vaine,
Il est sourd à ma voix, ou cruel à ma peine;
1325   Toy donc donne un remede et plus doux et plus prompt,
Ce que n'ont pú mes maux tes discours le feront,
Dy nous sa triste fin, s'il eut quelque constance,
Garde bien d'oublier la moindre circonstance,
Je veux aprendre tout, puis que tout peut servir
1330   A m'exen[p]ter du joug qui me doit asservir,
Et m'envoyer bien tost dans les demeures sombres
D'Hector et de mon fils joindre les tristes ombres.

HECUBE

Ouy, fay nous ce recit, que mon sort sera doux
Si je puis, Andromaque, expirer avec vous.
1335   Ha je n'ose esperer que le Ciel favorable
Acorde à mes ennuis un bien si desirable,

LE TROYEN

Madame, vos douleurs....

HECUBE

Ne t'informe de rien,
Ne sui-je plus Hecube? ou n'es tu plus Troyen?
Si tu fus mon sujet, si j'eus quelque puissance,
1340   Prouves le, rens la moy par ton obeissance.

LE TROYEN

Si je vous obeys c'est pour vous faire voir
Que je demeure encor dans mon premier devoir,
Mais je demande aux Dieux que suivant mon envie
Avecque ce discours je finisse ma vie.
1345   De tant de grands Palais, et d'autres bâtimens
Nagueres d'Illion les plus beaux ornemens,
Hier d'un feu devorant la superbe matiere,
Aujourd'huy des Troyens le vaste cimitiere,
Les Grecs n'ont conservé qu'une ancienne tour,
1350 Elevée ass[é]s haut dans l'empire du jour,
Reste horrible à nos yeux, têmoin de leur victoire,
Qui doit eterniser nôtre honte et leur gloire:
C'est de là d'où Priam prit plaisir tant de fois
A voir du grand Hector les genereux exploits,
1355 Rompre des bataillons, et briser come verre
Tout ce qui s'oposoit à ce foudre de guerre:
Là, tenant quelquefois le fils entre ses bras,
Il luy montroit son pere au milieu des combas,
Ignorant qu'à nous perdre un sort opiniâtre
1360 Dút en un échafaut luy changer ce theátre.
    L'armée en cet endroit, et dessus un coteau
Ass[é]s proche, atendoit ce spectacle nouveau,
Quand on vît arriver Ulisse, auteur du crime,
Qui menoit par la main cette jeune victime.
1365 Par un degré fatal où n'entre point le jour,
Ils monterent tous deux au plus haut de la tour,
D'où ce Heros naissant, déja plein de constance,
Regarde sans effroy cette lâche assistance,
Et comme un lionceau qui ne sçauroit agir,
1370 Tâche pourtant de mordre, et comence à rugir,
Au secours de sa force apelle son courage,
Et ne pouvant ailleurs montre en ses yeux sa rage,
Ainsi ce jeune enfant lance de toutes pars,
Meme sur ses bourreaux, de furieux regars,
1375 Et faché d'endurer de cette troupe infame,
Il écrit sur son front le depit de son ame,

Bref il parut Hector, et dans ce mouvement
Excita la pitié, la peur, l'etonement.
Déja ce noble cœur si sensible à l'outrage
1380   Avoit d'Ulysse meme atendry le courage,
Déja de ce forfait tous étoient deplaisans,
Et ses persecuteurs sembloient ses partisans,
Quand le prêtre, invocant Neptune avec Eole,
Et murmurant en soy quelque étrange parole,
1385   Pour obtenir aux Grecs un propice retour,
Vît comme il s'élança luy meme de la tour.

ANDROMAQUE

Ha mon fils, atens moy, je te suy, ma feblesse
Met mon ame aux abois si mon corps ne se blesse,
La pointe des rochers où l'on t'a vû tomber,
1390   Me vient perçer le coeur, et me fait succomber.

HECUBE   [p. 82]

Andromaque, ma fille, hé differés encore,
Souffrirés vous qu'un loup, un corbeau le devore,
Voulés vous que son ombre erre aux rivages noirs,
Rendons luy pour le moins les funebres devoirs,
1395   Ce spectacle sanglant offert à nôtre veuë,
S'il emeut les tyrans il faudra qu'il nous tuë,
Qu'au cercueil de son pere....

ANDROMAQUE

Ouy, faisons cet effort,
Qui pút l'y mettre vif, peut bien l'y mettre mort.

LE TROYEN

Son corps est tout froissé.

ANDROMAQUE

Donc, ô Ciel trop severe
1400   Tu veux que de tout point il ressemble à son pere,
N'étoit-ce pas ass[é]s qu'il en eut la vertu,
Sans que d'un sort pareil on le vît abatu.

HECUBE

C'est l'assaisonement des puissances divines,
Point de douceurs sans fiel, de roses sans épines,
1405   Ainsi tousjours les Dieux mélent nôtre bonheur,
Craignant de nous donner un bien semblable au leur.

ANDROMAQUE

Cruels dispensateurs d'une joye importune,   [p. 83]
Vous traités donc les Rois ainsi que la commune,
Et vos barbares mains tousjours pleines de traits,
1410   Font gloire d'en lancer sur vos vivans portraits.
N['] étoit-ce pas assés d'abandonner ma ville,
Mes parens, mon époux à la rage d'Achille,
Sans me donner encor un enfant precieux,
Pour le voir exposé tout sanglant à mes yeux.
1415   Mon fils, où que tu sois, atens un peu ta mere,
Tu ne sçaurois sans moy reconétre ton pere,
Son visage est sans forme, et s'il te voit ainsi,
Il ne pourra sans moy te reconétre aussi,
Atens, je te vay mettre en sa tombe funeste,
1420   C'est là que je perdray la force qui me reste,
Là j'entreray vivante aussi bien comme toy,
Tu reposeras mort entre ton pere et moy,
Ainsi de tous côtés ton sort s'egale au nôtre,
Et je me payeray ce que me doit un autre,
1425   Allons prier les Grecs....

LE TROYEN

      Son corps mouvant encor,
Fut par eux ètendu dans le bouclier d'Hector,
Et quelqu'un s'est chargé de vous le venir rendre.

HECUBE

Dans le bouclier d'Hector qui le devoit deffendre! [p. 84]

ANDROMAQUE

   Ainsi tout aujourd'huy s'oppose à nôtre espoir,
1430 Et le seul qui nous reste est de n'en plus avoir.
   O bouclier, de son bras l'ornement necessaire,
   Qui feis trembler jadis cette troupe adversaire,
   Est-ce là ton employ? doys-tu me presenter
   Celuy que je croyois qui te devoit porter?
1435 Si ton maître eut préveu cette étrange avanture,
   Tu ne servirois pas à cette sepulture.

LE TROYEN

Quelqu'un vient.

ANDROMAQUE

   Est-ce luy qu'on viendroit m'exposer?
Barbares, vous pouvés maintenant tout oser.

HECUBE

   Non, c'est Ascrete, ô Dieux! je ly dans son visage
1440 Du trépas de ma fille un assûré présage.

SCENE IV. [p. 85]

ASCRETE, ANDROMAQUE, HECUBE, LE TROYEN

HECUBE

Ta maîtresse est donc morte et ce Grec endurcy,
Dans son cruel dessein ne pût étre adoucy.

ASCRETE

Ouy, Madame, elle est morte, ha raport qui me tuë.

HECUBE

Donnons encor ce coup à nótre ame abatuë,
1445   Ce sera, je l'espere, à n'en plus relever,
Ce qu'on a comencé, tâche de l'achever,
Conte nous le succes de cette felonie,
Comme elle se soúmit à cette tyranie,
Parle de sa constance.

ASCRETE

Elle en avoit beaucoup.

HECUBE   [p. 86]

1450   Et de quelle façon elle reçeut le coup.

ASCRETE

Le coup qui la frapa me fut aussi sensible,
Et vous me comandés une chose impossible,
C'est remettre à ma playe et les feux, et le fer,
Deja de mes soûpirs je me sens étouffer.

ANDROMAQUE

1455   Ton cœur fuit il la mort? il semble qu'il la craigne,
         Voudrois tu vivre encor quand tout brûle et tout seigne!
         Reprens, reprens haleine, il nous faut secourir,
         Et tu ne le peux mieux qu'en nous faisant mourir.

ASCRETE

         La mort, loin de la craindre, a pour moy des amorces,
1460   Mais pour vous obeyr je reprendray mes forces.
         Cassandre furieuse allant trouver le Roy,
         Troubla de ce malheur mes compagnes et moy.
         Nous courons aussi tost au sepulcre d'Achille
         Offrir à Polixene un service inutille,
1465   Là, les Grecs assemblés parloient diversement
         D'un hymen acompli si furieusement,
         Les uns disoient tout haut que ce sang desirable
         Leur feroit accorder un retour favorable,
         Les autres moins cruels qui faisoient bande [à] part,   [p. 87]
1470   Détestoient la façon d'obtenir leur depart,
         Et mumurant entre eux de ce coup trop barbare,
         Proposoient d'en punir celuy qui s'y prepare,
         Quand on veit arriver quelques jeunes enfans,
         Deja de ce forfait complices triomphans:
1475   Tous, de chapeaux de fleurs avoient la teste ornée,
         Ils tenoient des flambeaux ainsi qu'à l'hymenée,
         Mais on pouvoit juger à leurs feux enfumés
         Que Megere et ses sœurs les avoient alumés.
         Pyrre suivoit apr[è]s conduisant Polixene,
1480   Tous demeurent surpris d'une frayeur soudaine,
         Cet aspect fait fremir ceux qui le souhaitoient,
         Et la haine et l'amour dans leurs cœurs combatoient:
         Elle, le front levé d'une audace modeste,
         Fend la presse avec luy jusqu'au tombeau funeste:
1485   Ha qu'elle parut belle en ces derniers momens!
         Et combien d'ennemis devinrent ses amans,
         Chacun d'eux, s'il osoit, s'offriroit en sa place,

Son malheureux destin touche ainsi que sa grace,
Le beau feu de ses yeux fond la glace des cœurs,
1490 Et courant à la mort elle abat ses vainqueurs:
Son bourreau, chose étrange, et digne de remarque,
Qui fut tousjours si prompt à contenter la Parque,
Parut alors plus lent, et sembloit balancer
S'il devoit satisfaire Achille, ou l'offencer:
1495 Elle s'avance un peu d'une démarche grave,
Et sans craindre la mort que sa constance brave,
Elevant son courage, elle monte au plus haut   [p. 88]
Du tombeau, qui servoit d'autel, et d'échafaut!
Pyrre alors inclinant à sa fureur extréme,
1500 Et sans beaucoup d'effort rentrant en Pyrre méme,
S'aproche du cercueil, et d'un zele inhumain
Dit ces mots à genoux le touchant de la main.

Puis que tu reçois la victime
Que ton Génie atend de nous,
1505 *Pers, grand Achille, ton couroux,*
Et souffre un retour legitime;
Ainsi te puisse consoler
Celle que je vay t'immoler

A ce mot il se leve, et tirant son epée,
1510 Que dans le sang Royal on veit deja trempée,
Fait signe à quelques uns de luy serrer les bras,
Pour ajouter encor la honte à son trépas,
Mais ce fut vainement, car son noble courage
D'un discours genereux empécha cet outrage,
1515 ["]Non non, s'ecria-telle, il ne faut point d'effors,
Ce sont de lâches cœurs dont on contraint le corps,
Frapés, j'atens le coup, ma naissance Royale
Veut qu'en un libre état aux enfers je devale["];
Sa resolution jointe avec sa beauté
1520 En ce point seulement vainquit sa cruauté,
Il ajuste ce fer, et détournant sa veuë,
Eut horreur comme nous du coup dont il la tuë.

ANDROMAQUE   [p. 89]

Enfin l'excez de maux rend nôtre sort plus doux,
Faisant hâter la mort qui s'aproche de nous.

HECUBE

1525   Ouy, je meurs Andromaque, et cette meme lame
Qui traverse son cœur, passe jusqu'à mon ame.

ASCRETE

Puis que rien ne peut crétre une extréme douleur,
Aprenés où finit la rage du malheur.
Nous courons aussi tost à ce triste spectacle,
1530   Nous enlevons son corps sans qu'aucun feit obstacle,
Et pour ôter le sang qui le sçeut animer,
Le portons, lamentant, sur le bord de la mer:
Helas, puis que sa playe, avant nòtre arrivée,
Du torrent de nos pleurs étoit déja lavée,
1535   Devions nous aborder ce miserable port,
Pour affliger nos yeux des derniers traits du sort.
Là, dans le meme temps que nôtre soin redouble,
Un autre objet d'horreur nous effraye, et nous trouble,
Nous voyons un enfant percé de mille coups,
1540   Que les flots redoublés aprocherent de nous.
Dieux, sans perdre le jour que desormais j'aborre,
Vous puy-je découvrir que c'êtoit Polydore!
Ouy, c'étoit vôtre fils, qui par un sort fatal   [p. 90]
Venoit chercher la tombe en son pays natal.

HECUBE

1545   Quoy Polydore est mort, ô desespoir, ô rage,
Ha reprens ta vigueur, rapelle ton courage,
Ne mourons pas si tost mon ame atens encor,
Fureurs transportés moy pres de Polymestor:
Vieux tygre couronné, Prince traitre et barbare,

1550   Ce forfait inouy vient de ton cœur avare,
             C'est la soif des tresors qui t'a fait poignarder
             Ce depost que ta foy t'obligeoit à garder;
             Ne l'avois tu receu comme ton enfant méme,
             Que pour souler sur luy ta convoitise extréme,
1555   Que pour servir d'objet à ta brutalitê,
             Et violer les droits de l'hospitalité!
             Ha mon fils, seul espoir qui restoit à mon ame,
             Ne t'avons nous sauvé des Grecs et de la flame,
             Que pour t'abandonner au pouvoir d'un bourreau,
1560   Qui prent ton bien, te tuë, et te nie un tombeau!
             Dans l'état incertain où Troye étoit reduitte,
             Que ne t'ay- je exposé tout nu, sans biens, sans suitte,
             Que n'ay-je preferé quelque simple berger
             A ce perfide Roy qui t'a fait égorger;
1565   Tu vivrois pour le moins si tu vivois sans gloire,
             Il n'auroit pas commis une action si noire,
             Il t'eut donné ses soins, et dans ce pauvre état
             Rien ne l'eut fait resoudre à ce lâche atentat,
             Que n'ay-je preferé son petit toit rustique   [p. 91]
1570   Aux superbes grandeurs d'un Palais magnifique [?]
             Icy la fraude regne, et la deloyauté
             En banit la franchise et la fidelité,
             Ce n'est que trahison, barbarie, injustice,
             Et nos trônes souvent sont les trônes du vice.
1575   Mais je donne à ton sort des regrets superflus,
             Le soucy maintenant qui me presse le plus,
             C'est ma captivité qui m'ôte la puissance
             De tirer de ce crime une juste vangeance,
             D'aller trouver ce tygre, et de mes propres mains
1580   Donner cent coups mortels à ses yeux inhumains,
             Du cœur de ses enfans luy batre le visage,
             Et pour le tourmenter mettre tout en usage.

LE TROYEN

Consolés vous Madame, il est en ce pays.

HECUBE

O Dieux! que m'aprens tu?

LE TROYEN

Nous en sommes trahis.

HECUBE

1585   Conois tu ce tyran?

LE TROYEN

Je le puis bien conétre,   [p. 92]
Ayant conduit chez luy vôtre fils, nôtre maître,
Je l'ay vû dans le camp, et l'espoir du butin
L'a fait venir icy hâter nôtre destin,
Il n'en faut plus douter apr[è]s cette avanture
1590   Qui ne fonde que trop ma triste conjecture.

HECUBE

Sus donc monstres d'enfer les serpens dans les mains
Venés tous seconder mes funestes desseins,
Mettés-le en mon pouvoir, je nageray de joye
Dans les flos de son sang, si je voy qu'il s'y noye:
1595   Mais portons au cercueil nos enfans malheureux,
Pour nous mieux préparer à ce coup genereux,
Si ce pieux devoir retarde mon courage,
L'aspect en recompense augmentera ma rage,
J'iray dans son cartier le poignar[d] à la main
1600   Au milieu de ses gens punir cet inhumain.

ANDROMAQUE

Atirons le plustost, la fraude et la surprise
Font un effet plus sûr en pareille entreprise.

HECUBE

Hé bien surprise soit, il n'importe coment,
Pouvú que je l'égorge impytoyablement.

Fin du quatriéme Acte

HECUBE, ANDROMAQUE, ASCRETE, LE TROYEN,
POLYMESTOR, et sa suitte, AGAMEMNON, et sa suite,
CASSANDRE, TALTYBIE

SCENE PREMIERE

HECUBE, ANDROMAQUE, ASCRETE

HECUBE

1605   Enfin de nos devoirs tristement acquitées,
        Donnons au desespoir nos ames agitées,
        Accourés desormais transpors, rages, fureurs,
        A fin de preparer un trépas plein d'horreurs:
        Et toy grand Jupiter que ce forfaict offence,
1610   Que le meurtre d'un hôte oblige à la vengeance,
        Aide nous à punir ce perfide assassin,
        Il y va de ta gloire en ce juste dessein,
        Ton pouvoir se détruit allors qu'il le protege,   [p. 94]
        Et le Dieu n'est point Dieu qui sauve un sacrilege,
1615   Puis qu'il est sans pitié, sans justice, et sans foy,
        Il n'est plus ton image encor qu'il semble Roy,
        Ce beau titre se perd avec son inocence,
        Et le Roy criminel n'est Roy qu'en aparence.
        Donc, loin de t'oposer à ce coup arreté,
1620   Háte et conduy ses pas dans le piege aprèté,

L'or qui fut le motif de son cruel outrage,
Deviendra contre luy l'instrument de ma rage,
Et de la mort d'un fils tu me verras vanger,
Par le méme sujet qui le feit egorger.
1625   [Ç]a nos riches poinçons de qui nôtre coiffure
Emprunte vainement la brillante parure,
Cessés de nous servir d'inutille ornement,
Perdès tout vôtre éclat, et percés seulement[;]
Pour le coup genereux où cette main s'apréte
1630   J'ay besoin de la pointe et non pas de la tète,
Préparés vous d'entrer non pas en des cheveux,
Mais dans un lâche cœur, mais en d'infames yeux,
Quoy qu'à vôtre façon cet employ soit contraire,
Vous n'aurés pas icy moins sujet de vous plaire,
1635   Ils vous doivent aymer puis qu'ils sont si charmés
Du precieux metail dont vous étes formés;
Tyran, nous soulerons ainsi ton avarice,
Et ton plus doux objet va faire ton suplice,
Mais que nòtre Troyen tarde à nous l'amener.   [p. 95]

ANDROMAQUE

1640   Les voicy.

HECUBE

Mon aspect comence à l'étonner,
Se défiroit-il point?

ANDROMAQUE

Sa mine est trop hardie
Pour soupçoner nos cœurs de quelque perfidie.

_____

SCENE II.

POLYMESTOR, et sa suitte, LE TROYEN, HECUBE,
ANDROMAQUE, ASCRETE

POLYMESTOR, *à part*

Rassûrons tous nos sens, consolons ses esprits,
Et feignons encor mieux luy parlant de son fils.
1645 Madame, vous et moy pourions trouver étrange
Le joug rude et honteux où le destin vous range,
Si l'on n'avoit point vû dans les siecles passés   [p. 96]
Des Etats envahis, et des Roys terracés:
Je sçay bien que l'exemple est un feble remede,
1650 Pour adoucir l'aigreur du mal qui vous possede,
Et qu'un cœur genereux, dans le malheur d'autruy
Ne se console point de son pressant ennuy,
Aussi n'ay-je dessein que pour vôtre alegeance,
Vous cherchiés de remede ailleurs qu'en leur constance,
1655 Mais c'est conetre mal vôtre propre vertu
Qui se soûtient encor sous un trône abatu,
Je vous fay tort Madame, et dans ce mal extréme
Vous ne devés avoir de recours qu'à vous mème.
Quoy que la Grece ayt fait pour detruire Illion,
1660 Que le feu contribue à son intention,
Tous ses effors sont vains, puis qu'il vous reste encore
La naissante valeur du jeune Polydore,
C'est par son bras qu'un jour vos Palais démolis,
Vôtre Ville et ses murs se verront rétablis.

ASCRETE, *bas*

1665 O Dieux! quelle impudence!

ANDROMAQUE, *bas*

Icy l'effronterie
Dispute de l'excez avec la Barbarie.

HECUBE   [p. 97]

Le peu d'espoir que j'ay vient aussi de son sort,
Et c'est le seul sujet qui differe ma mort,
Sans luy je me perdrois pour conserver ma gloire,
1670   Et ravirois aux Grecs ce fruit de leur victoire.
Mais quel heureux dessein vous a conduit icy?
Cette aymable nouvelle a flaté mon soucy,

POLYMESTOR

Je devrois sur ce point observer le silence,
Puis qu'un triste succez trompe mon esperance.
1675   J'ay quittè vôtre enfant, les miens, et mes sujets,
Et de mon zele ardant vous etiés les objets,
Je venois tendre aux Grecs un infaillible piege,
Et par un súr moyen faire lever le siege,
Mais, à mon grand regret, le sort a disposé
1680   Au contraire du coup que j'avois proposé,
Et je me voy reduit au seul point de vous plaindre,
Sans vous pouvoir ayder,

ANDROMAQUE, *bas*

Ce cruel sçait bien feindre.

ASCRETE, *bas*

J'espere que bien tost nous feindrons moins que luy.

POLYMESTOR   [p. 98]

Aussi ne pouvant pas soulager vôtre ennuy,
1685   Et craignant que ma veuë acrût vôtre disgrace,
Je m'étois resolu de retourner en Trâce.
Sans me donner l'honeur de vous voir.

HECUBE, *bas*

                                            Je le croy,
Traitre.

POLYMESTOR

Si ce Troyen ne fut venu vers moy
Me requerir pour vous d'un trop feble service,
1690   Que mon peu de pouvoir deffendoit que j'offrice.

HECUBE

Ouy, je n'espere plus qu'en vos soins obligens,
Mais j'ose vous prier de renvoyer vos gens,
N'étant pas à propos qu'ils sçachent le mystere
Qu'à tout autre qu'à vous je veux et je doy taire,
1695   Les miens pareillement....

Elle fait signe à ses
filles de se retirer.

POLYMESTOR, *à ses gens*

Allés, retirés vous.

HECUBE, *bas au Troyen*

Ne vous eloignés pas, ce barbare est à nous.

POLYMESTOR, *à part*   [p. 99]

Quelle terreur panique occupe icy mon ame,
Sortés vaines frayeurs, doy-je craindre une femme[?]

SCENE III

HECUBE, POLYMESTOR, LE TROYEN, *caché*

HECUBE

Mon fils....

POLYMESTOR

Il est en Trâce avecque mes enfans,
1700   Ne craignés rien pour luy puis que je le deffens.

HECUBE

Le bien....

POLYMESTOR

Pour ses tresors assúrés vous de méme,
Comme miens je les garde avec un soin extreme,
Ne dout[é]s nulement de ma fidelit[é].

LE TROYEN, *bas*   [p. 100]

Tu t'accuses déja.

HECUBE

Si j'en avois douté,
1705   Je ne vous firois pas ceux que je luy conserve,
Sous un des marbres noirs du Temple de Minerve.

POLYMESTOR

Depuis quand y sont ils?

HECUBE

D'hier, et sans témoins,
Ils doublent les premiers, doublés aussi vos soins.

POLYMESTOR

Irons nous voir l'endroit?

HECUBE

Allons, j'en suis contente,
1710 Mais prenès en passant ceux qui sont dans ma tante.

POLYMESTOR

Vous sauvés donc beaucoup.

HECUBE

Helas, Polymestor,
En sauvant mon enfant vous sauvés plus encor.

POLYMESTOR   [p. 101]

Ce bien luy servira pour faire un jour la guerre,
Et chasser l'ennemy de sa natalle terre.

HECUBE

1715 Avec vôtre secours nous l'esperons ainsi,
POLYMESTOR

Il vous est tout acquis.

HECUBE

Je m'en assûre aussi.

SCENE IV

LE TROYEN, *seul*

Monstre de cruauté, de ruse, et d'avarice,
Va recevoir le prix d'une horrible injustice,
Ou plustost va payer de ton sang déloyal
1720   Ta lâche trahison sur cet enfant Royal,
Ainsi tousjours les Dieux vengeurs de l'inocence
Punissent tost ou tard celuy qui les offence,
La Justice elle méme arrache son bandeau,   [p. 102]
A fin d'en aveugler cet avare bourreau,
1725   Et le faire tomber au méme précipice,
Où Polydore est chu par sa noire malice.
Mais allons seconder le genereux effort
D'une main qui s'aprete à bien vanger sa mort.

SCENE V.

CASSANDRE, AGAMEMNON, et sa suitte

CASSANDRE

Astianax est mort, ma sœur est immolée,
1730   Et vous voul[é]s encor que je sois consolée,
Ha que rude est le joug où mon sort est soûmis,
Puis que mème les pleurs ne me sont pas permis.
Est-ce là ce secours, et cette delivrance
Dont vous avés tantost flat[é] mon esperance?
1735   Sans doute [e]n cet état leur destin est plus doux,

Mais ce triste bonheur ne leur vient pas de vous,
Souffr[é]s que je l'obtienne en ces malheurs extrémes,
Derob[é]s cette grace aux puissances supremes,
Faites moy delivrer de la meme façon,
1740   De vôtre lâcheté je perdray le soubçon.

AGAMEMNON [p. 103]

Beau miracle d'Amour dont mon ame est ravie,
Ouy, perdés ce soubçon, mais conservés la vie,
C'est là que ma puissance et mon autorité,
Se doivent oposer à vôtre liberté.
1745   Il est vray que tantost j'ay fait une promesse,
Dont l'effet dépendoit des Princes de la Grece,
Comme moy desormais ils sont tous absolus,
Et je n'ay pû forcer leurs desseins resolus,
Mais de ces tristes maux esperés l'alegeance
1750   Que l'on peut recevoir d'une pronpte vangeance,
Je jure par vos yeux que cette cruauté,
Atirera sur eux mon pouvoir irrité.
Ouy tygres, retournés, j'iray comme un tonerre,
Porter dans vos pais le flambeau de la guerre,
1755   Vous les verrés reduits dans un autre Illion,
Et vous ordonnerés de leur punition.

CASSANDRE

L'ordonance du Ciel m'est encor plus propice,
Dont l'effet préviendra celuy de ce service.
Mais quel objet sanglant se presente à mes yeux!

SCENE VI.   [p. 104]

POLYMESTOR, CASSANDRE, AGAMEMNON, et sa suitte

POLYMESTOR

1760   En quel état m'a mis ce sexe furieux[?]

AGAMEMNON

Son destin jusqu'icy ne se peut pas conétre.

CASSANDRE

Il faut assúrement que ce soit quelque traitre.

POLYMESTOR

Je ne verray jamais ce bel astre qui luit,
Et mes yeux sont couvers d'une eternelle nuit,
1765   Ha malheur sans remede, ha douleur trop sensible,
Ha d'un horrible coup châtiment plus horrible:
Puissant Dieu des combats dont j'occupe le rang,
Acorde la vangeance à mes larmes de sang,
Si je te plûs jamais dans le trône de Trâce,   [p. 105]
1770   Vien punir les bourreaux d'un Prince de ta race.

AGAMEMNON

Dieux! c'est Polymestor.

CASSANDRE, *à part*

Redouble mon soucy,
Il n'en faut point douter, mon frere est mort aussi,
Enfin de tout espoir mon ame est dépourveuë.

POLYMESTOR

1775
Mes mains, faites icy l'office de ma veuë,
Guid[é]s en un lieu s[û]r mes pas mal assúrés,
Mes sens dans ce malheur comme eux sont égarés,
Je n'ose m'avancer, je crains le précipice,
Et de tous les côtes, je rencontre un suplice.
O Dieux!

AGAMEMNON

Ne craignés rien, je suis Agamemnon.

POLYMESTOR

1780
Souffrés que je respire à cet aymable nom.

AGAMEMNON

Quelles barbares mains vous ont fait cet outrage?
Et quel puissant effort charma vôtre courage?

POLYMESTOR

De ce sexe captif je suis ainsi traité.   [p. 106]
Jugés ce qu'il feroit étant en liberté,
1785
En un mot c'est Hecube,

AGAMEMNON

O Ciel!

POLYMESTOR

Et d'autre femmes,
Pires que les Démons qui tourmentent les ames.

AGAMEMNON

Et quel est le sujet de ce cruel tourment?

POLYMESTOR

Je vous le vay conter en trois mots seulement,
Si ma douleur permet que je vous parle encore.
1790 Priam avoit un fils qu'on nomoit Polydore,
Le plus jeune de tous,

CASSANDRE, *à part*

Prepare toy mon bras.

POLYMESTOR [p. 107]

Que l'âge deffendoit d'exposer aux combas;
Prevoyant le malheur dont le Ciel le menace,
Pour le sauver des Grecs il me l'envoye en Trace,

CASSANDRE, *à part*

1795 Sers toy de ce poignar[d] pris à plus noble fin.

POLYMESTOR

Là quelque temps passé[,] le bruit m'aprend en fin
Que c'est fait d'Illion, qu'Hector n'est plus en vie,
Que de celle des siens sa mort sera suivie,
Et que Priam alors ayant pû se troubler,
1800 La chûte de son trône etoit pour l'accabler,
Cela me feit resoudre à perdre Polydore,

CASSANDRE, *à part*

Que tarde tu mon bras, et qui t'arréte encore?

POLYMESTOR

Futur sujet de guerre, et de qui la valeur
Eut fait tort à la Grece, et causé mon malheur;
1805 J'etois icy venu vous offrir mon service,
Et vous aprendre aussi cet important office,
Quand Hecube ayant sçu par je ne sçay quel sort,
Que j'étois en ces lieux, que son fils étoit mort,
Par un juste soubçon m[']a conduit dans sa tante   [p. 108]
1810 Où je treuve un destin contraire à mon attente,
On [m'a] crevé les yeux de cent coups de poinçon.

SCENE VII.

ANDROMAQUE, HECUBE, ASCRETE, CASSANDRE,
POLYMESTOR, AGAMEMNON   et sa suitte.

ANDROMAQUE

Il nous est échapé d'une étrange façon,

POLYMESTOR, *mourant*

O Dieux! je n'en puis plus, je meurs avec justice,
Et c'est punir trop peu ma cruelle avarice.

HECUBE

1815 Ouy traitre, ce suplice et ta déloyauté,
Ont à mon grand regret trop d'inegalité,
Je devois t'arracher le cœur et les entrailles,
Pour en battre à tes yeux nos brûlantes murailles,
Que ne m'amenois tu tes enfans malheureux   [p. 109]
1820 Pour me voir exercer ma rage dessur [*sic*] eux?
En cette occasion mon ame furieuse
[S]e fut pour ton malheur montrée ingenieuse,

Et j'aurois inventé quelque nouveau tourment,
Egal à ton forfait, à mon ressentiment[;]
1825   Lors en quelque façon tes fautes expiées
Par les bourreaux d'enfer seroient moins châtiées,
Où tu te vois reduit dans le fâcheux état
De souffrir à jamais pour ton lâche atentat.

AGAMEMNON

Madame si j'osois ouvrir icy la bouche,
1830   Pour plaindre avecque vous la douleur qui vous touche,
J'accuserois ensemble et le sort et le Ciel,
De répandre sur vous tout ce qu'il ont de fiel.
Peut étre mon malheur vous met dans la pensée
Que je suis sans pitié, que ma plainte est forcée,
1835   Et que dans tous ces maux, dont on me croit l'auteur,
Je puis bien avancer quelque discours flateur,
Mais la part que j'y prens vous fut elle conuë,
Et que pûssiés vous voir mon ame toutte nuë,
Mes desseins de vanger vos enfans et vos fers
1840   Contre vos sentimens vous seroient découvers,
Vous verriés cette noble et legitime flame
Qui me fait destiner Cassandre pour ma femme,
Vous verriès mon regret que ce Prince inhumain   [p. 110]
Ne soit mort autrement, et de ma propre main,
1845   Enfin j'espererois que l'ardeur de mon zele
Vous feroit aprouver mon service fidelle.

HECUBE

Soit que vous me parliés de la bouche ou du cœur,
Je sçay ce que je doys atendre d'un vainqueur,
Et dedans quelques fers qu'on me tienne pressée,
1850   Je seray tousjours libre, au moins de la pensée,
J'ay comencé déja de vanger mes malheurs,
Ce premier apareil alege mes douleurs,
La suitte que j'atens me rendra suportable
Le maitre à qui je suis, et mon sort lamentable.

1855 Allons, que tardons nous davantage en ces lieux
      Où rien que de cruel ne se montre à mes yeux?
      Où les plus doux objets sont pour moy si funebres,
      Que le jour le plus beau m['];y parét en tenebres.

                    AGAMEMNON

      Il est vray que souvent parmy les Etrangers,
1860 Nos maux trouvent leur fin, ou devienent legers,
      Il faut qu'à cet espoir vôtre ame soit ouverte.

                 HECUBE, *à part*

      Ce ne sera jamais qu'au moment de ta perte.

              CASSANDRE, *bas*   [p. 111]

      Elle est proche, Madame.

              ANDROMAQUE, *bas*

                  Il se faut consoler.

                    AGAMEMNON

      Voicy nôtre Heraut, écoutons le parler.

                    _____

                  SCENE DERNIERE

      TALTYBIE, HECUBE, CASSANDRE, ANDROMAQUE,
         ASCRETE, AGAMEMNON, et sa suitte.

                    TALTYBIE

1865 Sire, les Princes Grecs ne voyant plus de flames,
      N'atendent pour partir qu'apres vous et ces Dames,

Les vaisseaux sont tout-préts à démarer du port,
Un favorable vent semble en etre d'acort,
Enfin tout contribuë à retourner en Grece,
1870 Et l'on entend déja mille chans d'alegresse.

CASSANDRE [p. 112]

Ce sont des chans de Cygne, et malgré ses lauriers,
On verra foudroyer quelqu'un de ces Guerriers.

AGAMEMNON

O Ciel! si tu conois ce discours veritable,
Conserve l'inocent, et puni le coupable.
1875 Madame vous plaist-il…?

HECUBE

Ouy, sortons de ce lieu,
Je luy di sans regret un eternel Adieu.

Fin du dernier Acte

NOTES

vv. 35-36: les habitants d'Ithaque, royaume d'Ulysse, dont la prudence était célèbre. Pénélope, sa femme.

v. 41: "ennuy", utilisé au sens fort, très commun au XVIIe siècle.

vv. 61-64: cf. Garnier, *La Troade*, vv. 783-786:
Ainsi d'un gran brasier qu'on pensoit amorti,
Un simple mécheron de la cendre sorti
Dans la paille s'accroist, si que telle scintille
En peu d'heures pourra dévorer une ville;
et Sénèque *Troades*, vv. 544-545: ("sic male relictus igne de magno cinis / vires resumit" - "ainsi la cendre qui subsiste après quelque immense incendie reprend, quand on a le tort de le négliger, de nouvelles forces").

vv. 75-76: voir l'*Iliade*, XXII, vv. 395-404.

v. 89: sur le thème de la raison d'état (très important à l'époque), voir F.E. Sutcliffe, *Politique et culture, 1500-1600*, Paris, 1973.

vv. 121-124: il semblerait que Sallebray est allé beaucoup plus loin que Racine et que son Agamemnon ressemble beaucoup plus au Céladon de *L'Astrée* que Pyrrhus. Voir *Andromaque*, première préface. L'Agamemnon d'Euripide a décidé d'épouser Cassandre "par force" (*Les Troyennes*, vv. 43-44).

v. 133: "Et s'ils sont secondés" - les "ressors" de l'intelligence féminine. Cette discussion sur le danger représenté par les femmes est loin

d'être oisive. Voir notre Introduction (pp.xxix et ss.). Dans
l'*Hécube* d'Euripide (vv. 885-889), Hécube ne craint pas de
contredire Agamemnon quand il fait fi "de la gent féminine".

vv. 147-149: Ulysse héritier des armes d'Achille: voir Ovide,
         Métamorphoses, XIII, et Sophocle, *Ajax.*

vv. 151-152: Chez Sénèque, Ulysse se vante d'avoir déjoué les ruses de
         Thétis (*Les Troyennes*, vv. 568-570). La déesse avait essayé de
         cacher son fils Achille au début de la guerre de Troie en
         l'envoyant à l'île de Scyros déguisé en fille. Garnier ne fait
         aucune allusion à cette légende. C'était également Ulysse qui
         préconisa le sacrifice d'Iphigénie. Selon une version de la
         légende, il fut envoyé la chercher dans la maison de sa mère.

v. 154: "Cependant qu'on le cherche" = "pendant qu'on le cherche".

vv. 169-172: voir l'Introduction, pp. v, x et xiii n.29.

v. 175: nous avons supprimé une virgule à la fin de ce vers.

v. 193: sur l'utilisation du décor simultané, voir l'Introduction, p. vi.

vv. 201-204: les promesses d'Agamemnon ne sont pas sans rappeler celles
         de Pyrrhus chez Racine (vv. 327-332). Il finira par reconnaître
         qu'il n'a plus de pouvoir sur ses alliés (*infra*, vv. 1745-1748).

v. 222: ce fut "le perfide Sinon" qui persuada aux Troyens d'introduire le
         Cheval de Troie dans la ville et qui relâcha le commando grec
         qui s'y était caché (Virgile, *Enéide*, II, vv. 57-264).

vv. 225-228: enceinte de Pâris, Hécube rêva qu'elle accouchait d'une
         torche. Voir Sénèque, *Les Troyennes*, vv. 38-41, Garnier, *La
         Troade*, vv. 59-66, Euripide, *Les Troyennes*, vv. 919-922.
         Craignant une malédiction, elle exposa son enfant sur le mont
         Ida, mais des bergers lui sauvèrent la vie, et il fut plus tard
         réintégré dans la famille royale. Pâris fut tué ("tout éteint qu'il
         est") au cours de la guerre de Troie par Philoctète.

vv. 235-236: ayant reçu d'Apollon le don de prophétie, Cassandre repoussa son amour. Offensé, le dieu la punit en décrétant que ses prédictions ne seraient jamais prises au sérieux: elle s'opposa en vain alors à l'entrée dans la ville du Cheval de Troie.

vv. 237-246: cf. Garnier, *La Troade*, vv. 54-58, Sénèque, *Les Troyennes*, vv. 28-37.

v. 244: "le tragique succés" = "les résultats tragiques".

vv. 257-258: allusion à l'assassinat de Priam devant l'autel par Pyrre, et aussi au rapt de Cassandre, qui s'était réfugiée à l'autel de Minerve. Voir l'*Enéide*, II, vv. 403-6, 506-558.

v. 264: "rejalit". Voir la note au v. 1636.

vv. 269-274, 277-282: cf. Garnier, *La Troade*, vv. 563-584.

vv. 287, 290-295: voir la note précédente. Il y a, peut-être, un écho de Sénèque (*Les Troyennes*, vv. 42-4) dans les vers 283-287. Pour les vv. 287-295: cf. Garnier, *La Troade*, vv. 72-90.

vv. 298-300: Hécube s'adresse à Pyrre, assassin de son mari et fils d'Achille. Toujours fière des prouesses d'Hector, elle affirme qu'Achille a tué son fils parce qu'il a dû prévoir qu'Hector aurait vengé la mort de Priam. Tout cela est illogique, mais c'est la douleur qui parle.

vv. 305-8: cf. Garnier, *La Troade*, vv. 279 et ss.

v. 319: selon Euripide (*Les Troyennes*, vv. 252-254), ce fut comme "vierge de Phoibos" que Cassandre obtint "le privilège de vivre sans époux". Chez Garnier (*La Troade*, v. 297), on trouve au contraire: "Elle a sa chasteté consacrée à Minerve".

v. 329: "pour comble des miens" = "pour comble de mes ennuis".

vv. 331-336: cf. Euripide, *Les Troyennes,* vv. 353-354, 457-461.
Agamemnon sera tué, ainsi que Cassandre, lors de son retour en
Grèce.

vv. 331-359: pour le statut de Cassandre comme prophétesse, voir *supra* la
note aux vv. 235-236. Pour les sources de cette prophétie, voir
Euripide, *Les Troyennes,* vv. 356-364, 445-450, 455-461, et
Garnier, *La Troade,* vv. 321-348. Comparer en particulier
Sallebray, vv. 348-353, et Garnier, *La Troade,* vv. 343-344: "Et
comme transporté d'amour hyménéan /Pyrrhe il va massacrant, le
meurtrier de Priam". Ce détail ne se trouve pas chez Euripide.
Voir aussi la note au v. 352.

vv. 337 et ss: après le sacrifice d'Iphigénie à Aulis (*infra*, vv. 729-730,
913-915, 1059-1060), Clytemnestre prit comme amant Egisthe,
"le fils de Tyeste" (v. 346), et, avec son aide, tua son mari de
retour de Troie. L'allusion au "bras vangeur" d'Egisthe (v. 338)
est ambiguë. Cassandre peut parler de son propre désir de pousser
Clytemnestre à la vengeance en acceptant de se marier avec
Agamemnon, ou bien de la vengeance d'Egisthe lui-même: c'était
Atrée, le père d'Agamemnon, qui avait puni Thyeste (le père
d'Egisthe) en lui faisant manger les corps de ses propres fils.

v. 352: "dans le Temple, à l'autel". Il semble qu'il faut comprendre que
Pyrre sera assassiné dans le temple. Si c'est le cas, le détail peut
venir soit de Virgile (*Enéide,* III, v. 332, où il s'agit d'un autel)
soit de l'*Andromaque* d'Euripide (vv. 1100-1160, où l'assassinat
se passe dans le temple d'Apollon). L'identification explicite du
meurtrier avec Oreste viendrait plutôt de Virgile (Oreste est
l'auteur du complot chez Euripide, mais Pyrre/Néoptolème est la
victime d'une émeute. Voir l'*Andromaque* d'Euripide, éd. P.T.
Stevens, Oxford, 1971, pp. 211-213).
      Il faut remarquer, cependant, que, tout comme le vers 338, le
vers 352 est ambigu puisque l'expression "meurtrier de Rois, dans
le Temple, à l'autel" peut s'appliquer aux actions de Pyrre quand
il tua Priam. Constatons que Sallebray peut penser aux deux
possibilités. Dans ce cas, il a recours au même genre d'ironie que

plus tard quand Hécube choisit des armes d'or pour tuer
Polymestor (vv. 1634-1636).

v. 357: "je mourray contente". Voir la note aux vers 331-336.

vv. 403-418: cf. Euripide, *Andromaque,* vv. 391-403; et Racine,
Andromaque, vv. 926-931. Voir l'Introduction, p. x n. 21.

vv. 429-430: allusion à l'enlèvement d'Hélène, la femme de Ménélas, par
Pâris.

vv. 431-438: aux XVIe et XVIIe siècles, selon des traditions séculaires
souvent exploitées, les femmes étaient censées être des créatures
irrationnelles qui désiraient ardemment tout ce qui leur était
défendu (I. Maclean, *Women Triumphant: Feminism in French
Literature 1610-1652*, Oxford, 1977). Accorder la "liberté" à
Clytemnestre était donc un moyen de lui faire souhaiter de rester
fidèle, mais le "doux artifice" n'a pas eu le résultat prévu. Cf. la
version de la légende trouvée dans l'*Odyssée*, III, vv. 263-272,
où Agamemnon a laissé un gardien pour sa femme.

v. 444: voir *supra* les vv. 331-359.

v. 447: L'angoisse d'Oreste semble refléter le conflit encore plus aigu
auquel il devra faire face au moment de venger Agamemnon en
tuant sa mère.

vv. 483-488: Sallebray semble développer le thème de l'amour-estime
caractéristique de Corneille (O. Nadal, *Le sentiment de l'amour
dans l'œuvre de Pierre Corneille*, Paris, 1948).

vv. 460-470: cf. Racine: *Andromaque*, vv. 325-332.

v. 464: écho possible - et ironique - d'Euripide, *Les Troyennes*, v. 449, où
Cassandre prévoit que leurs deux corps partageront le même sort
après leur assassinat.

v. 501: Cassandre, seule, montre son mépris pour Agamemnon en passant
du "vous" poli au "tu" de la haine.

vv. 519-536: comparer tout ce discours à Garnier, *La Troade*, vv. 671-
684. Les vv. 521-522 suivent de très près les vv. 675-676 de
Garnier ("Verray-je point le temps que nos peuples espars /Vous
r'assemblez, leur roy, dedans nouveaux rempars [...] ?").
Comparer également Sallebray, v. 532 et Garnier, v. 682: "Et ne
commandons pas seulement à nous mesmes".

v. 539: "Un songe que j'ay fait". Il n'y a pas de ponctuation parce que, au-
delà de la question de Cassandre et de sa réponse ("Et quand? --
Depuis une heure"), Andromaque enchaîne: "Est l'important sujet
dont on void que je pleure".

vv. 565-577: écho probable de Virgile, *Enéide*, II, vv. 270-279, mais voir
aussi Garnier, *La Troade*, vv. 651-2, et Sénèque, *Les Troyennes*,
vv. 449-450.

vv. 577-578: voir l'Introduction, p. xii.

v. 579: "m'a t'il dit". L'utilisation de l'apostrophe à la place des deux traits
d'union sera condamnée par Vaugelas (*Remarques sur la langue
françoise*, Paris, 1647, p. 11).

vv. 607-612: imités de très près de Garnier, *La Troade*, vv. 693-698.

v. 628: "une amour maternelle". Souvent féminin au XVIIe siècle.

vv. 655-657: voir l'Introduction, p. xii. "Trames" = "complots".

vv. 677-684: cf. Andromache chez Sénèque (*Les Troyennes*, vv. 509-
512) et chez Garnier (*La Troade*, vv. 735-740). Comparer en
particulier Sallebray, vv. 679-680, et Garnier, *La Troade*, vv.
737-738: "Là, si des immortels la haine est assouvie / Et leur
plaist nous aider, vous sauvez vostre vie".

v. 710: cf. Garnier (*La Troade*, v. 755): "ULYSSE: Nous craignons. -ANDROMACHE: Las? et quoy? que craignez-vous encor?".

v. 714: cf. Garnier (*La Troade*, v. 769): "Est-ce vostre Calchas qui ces frayeurs vous donne?"

vv. 729-730: allusion au sacrifice d'Iphigénie à Aulis. Cf. Garnier, *La Troade*, vv. 812-816.

v. 775: Le texte original porte: "Ha ma peur est extreme?". Pour beaucoup d'imprimeurs au XVIIe siècle, le point d'interrogation et le point d'exclamation étaient pratiquement interchangeables.

v. 789: "il est prise". Il s'agit d'une feinte, dont on retrouve l'origine chez Garnier (*La Troade*, v. 923) et Sénèque (*Les Troyennes*, v. 630).

vv. 792-793: "Apres l'avoir vendu". Cf. l'Andromache de Garnier, *La Troade*, v. 979: "Les reliques d'Hector que vous avez vendu?" L'allusion chez celui-ci semble être à la rançon que dut payer Priam pour récupérer le corps de son fils (voir l'*Iliade*, XXIV, p. ex. vv. 576-581). Chez Sénèque, au contraire, Andromaque rappelle à Ulysse que les Grecs lui avaient vendu le tombeau (*Les Troyennes*, v. 664).

vv. 797-802: cf. Garnier, *La Troade*, vv. 931-936; Sénèque, *Les Troyennes*, vv. 636-639.

v. 812: cf. Sénèque, *Les Troyennes*, v. 643: "coniugis cari cinis" ("les cendres d'un époux cher").

vv. 817-818: Sénèque (*Les Troyennes*, vv. 644-645) et Garnier ("O dieux des sombres nuits, / Et vous, grands dieux du ciel, autheurs de mes ennuis, /Et vous, Mânes d'Hector, saintement je vous jure [...]", *La Troade*, vv. 943-945) offrent des textes très similaires, mais, là où l'Andromaque de ces deux derniers a recours à Hector pour attester la véracité de son serment, l'Andromaque de Sallebray invoque son mari défunt pour en solliciter l'aide.

v. 859: Sénèque est la source probable de la première partie de ce vers.
Voir *Les Troyennes*, v. 755: "nocturne miles, fortis in pueri
necem" ["guerrier nocturne, courageux pour tuer un enfant"]. Il
se peut, cependant, qu'Euripide ait fourni le thème du soldat qui
n'est hardi que "contre une femme". Voir *Andromaque*, v. 458.
Voir aussi *ibid*, les vv. 325-328, où, selon les principales
éditions de l'époque, Andromaque accusait Ménélas de menacer
"un enfant" et d'entrer "en combat contre une femme".

v. 864: On retrouve la même idée chez Garnier (*La Troade*, vv. 995-996)
comme chez Sénèque ("ut Ulixem domes,/ vel umbra satis es",
Les Troyennes, vv. 682-683).

v. 913: Artémis, qui exigea le sacrifice d'Iphigénie à Aulis avant
d'accorder aux Grecs les vents dont ils avaient besoin pour
gagner Troie.

vv. 929 et ss.: cf. Garnier, *La Troade,* vv. 1287 et ss.; et Sénèque, *Les
Troyennes*, vv. 170 et ss.

v. 934: "environné de feux". Voir l'Introduction, p. xiii.

vv. 936-938: Télèphe fut blessé puis guéri par Achille. Xante: une des
rivières dans la plaine devant Troie. Pour le carnage d'Achille,
voir l'*Iliade,* XXI.

v. 948: sans doute Arès/Mars, le dieu de la guerre. Voir la note au vers
1770.

v. 957: Thétis était une divinité marine, la plus célèbre des Néréides. Voir
la note aux vv. 151-152.

v. 964: "L'Averne". Un lac profond et sombre, d'où l'Achéron s'enfonce
aux enfers (Virgile, *Enéide*, VI, vv. 237 et ss.).

v. 972: "ce furieux Génie". Basé, peut-être, sur Plutarque, *Vie d'Antoine*
("Ton Génie redoute le sien"). Voir aussi *infra* v. 1504.

vv. 981-986: cf. Racine, *Iphigénie*, vv. 1433-1438, 1459-1462.

vv. 985-986: en ce qui concerne l'antagonisme d'Agamemnon et d'Achille, voir l'*Iliade*, I, surtout vv. 176-87, 287-289.

vv. 988-990: l'attribution des Troyennes aux divers chefs grecs n'est pas présentée de cette façon chez Garnier. Cf. Sénèque, *Les Troyennes*, vv. 975-980; et Euripide, *Les Troyennes*, vv. 247-287.

v. 1009: cf. Garnier (*La Troade*, v. 1013) et Sénèque (*Les Troyennes*, vv. 691-692).

vv. 1017-1018: cf. Racine, *Andromaque*, vv. 933-936.

v. 1024: "pieté". Dans le sens latin de *pietas*: fervent attachement à sa famille.

vv. 1025-1027: l'Andromache de Garnier (*La Troade*, vv. 1027-1029) comme celle de Sénèque (*Les Troyennes*, vv. 700-703) font le même appel - mais leurs prières s'adressent à Ulysse. Dans une prière adressée à Agamemnon par Cassandre, qui sait qu'Oreste deviendra l'assassin de sa mère (vv. 345-346), l'allusion à des enfants "triomphans" devient hautement ironique. Transposition créatrice!

v. 1036: "mon ame" = Cassandre, vocabulaire précieux. Agamemnon semble faire des promesses qu'il doit savoir ne pouvoir tenir.

v. 1055: Achille fut tué par Pâris, qui le blessa mortellement au talon.

vv. 1065-1066: la source de Sallebray doit être Garnier (*La Troade*, vv. 1399-1400) ou Sénèque (*Les Troyennes*, vv. 252-253) puisque dans la célèbre querelle entre Agamemnon et Achille racontée par Homère, Agamemnon se comporte d'une façon bien différente! (*Iliade*, I, vv. 131-139, 173-187, 247, 286-291, 318-325).

vv. 1081-1084: basés sur Sénèque , *Les Troyennes*, vv. 266-270, dont Garnier ne conserve qu'une version incomplète (*La Troade* , vv. 1409-1412).

v. 1083: voir les vv. 290-295.

v. 1090: la guerre de Troie avait duré dix ans. Voir les vv. 1-2. Cf. Garnier, *La Troade*, vv. 1415-1416, et Sénèque, *Les Troyennes*, vv. 273-274.

v. 1094: "superbe". Du latin *superbus*, "orgueilleux".

vv. 1099-1110: cf. Racine, *Andromaque*, vv. 206-220.

v. 1130: "une autre" = une autre victime, c'est-à-dire Agamemnon lui-même.

v. 1161: Achille. Voir la note aux vv. 1065-1066.

vv. 1175-1180: cf. Sénèque, *Les Troyennes*, vv. 955-956 ("Adhuc Achilles vivit in poenas Phrygum? / adhuc rebellat? a manum Paridis levem" - "Achille vit encore pour le châtiment des Phrygiens? Il nous refait donc la guerre? O Pâris, ta main fut trop légère").

vv. 1179-1182: ce fut Pâris qui tua Achille. Inquiétée par les exigences du fantôme d'Achille, Hécube insiste que Pâris aurait dû le tuer de façon plus "définitive". C'est la douleur qui lui fait adopter cette idée irrationnelle.

vv. 1183-1188: ayant fustigé Pâris, Hécube passe à Hélène, qui semble lui avoir appris le sort qui attend Polyxène. Cette idée vient de Sénèque, où Hélène figure sur la scène (*Les Troyennes*, vv. 861 et ss.).

vv. 1187-1188: Sallebray a pu trouver cette idée soit chez Garnier (*La Troade*, vv. 1563-1564), soit chez Euripide (*Hecube,* vv. 265-270):

'Ελένην νιν αἰτεῖν χρῆν τάφῳ προσφάγματα·
ἡ Τυνδαρὶς γὰρ.../ ἀδικοῦσα θ' ἡμῶν οὐδὲν ἧσσον
ηὑρέθη.
("C'est le sacrifice d'Hélène qu'il aurait dû demander sur son
tombeau: car on a trouvé la fille de Tyndare aucunement moins
malfaitrice que nous.")

vv. 1201-1203: Atropos, une des trois Parques. Celles-ci étaient les
divinités du destin, qui coupent le fil qui représente le sort de
chaque individu: de là l'allusion au "fer tranchant".

vv. 1221-1222: "si dans les enfers son hymen s'acomplit". Selon
Sénèque, *Les Troyennes*, vv. 942-944, Achille voulait épouser
Polyxène aux Champs Elysées.

vv. 1255-1260: cf. Hécube chez Sénèque (*Les Troyennes*, vv. 1-6)
comme chez Garnier (*La Troade*, vv. 1-10).

v. 1256: "les Parques": voir *supra* la note aux vv. 1201-1202.

v. 1268: cf. l'*Iliade*, XXII, vv. 434-435 (où Hécube regrette la mort de
son fils, Hector): Τρωσί τε καὶ Τρῳῇσι κατὰ πτόλιν, οἵ σε
θεὸν ὣς/ δειδέχατ'·
("aux Troyens et aux Troyennes dans toute la ville, qui te
recevait comme un dieu").

v. 1276: écho possible d'Euripide, *Les Troyennes*, vv. 681-682: ἐμοὶ γὰρ
οὐδ' ὃ πᾶσι λείπεται βροτοῖς/ ξύνεστιν ἐλπίς ("chez moi
il n'y a même pas ce qui reste pour tout homme mortel: l'espoir").

vv. 1299-1300: cf. Sénèque, *Les Troyennes*, vv. 989-990: "domini pudet,/
non servitutis" ("C'est de mon maître que j'ai honte, non de ma
servitude").

vv. 1301-1302: la source la plus évidente semble être Sénèque, *Les
Troyennes,* vv. 983-987 ("quis tam sinister dividit captas deus?
[...] / quis matrem Hectoris / armis Achillis miscet?" - "Quel
dieu fut assez sinistre pour diviser ainsi les captives? [...] Qui

donc a associé la mère d'Hector et les armes d'Achille?"); mais il faudrait peut-être tenir compte aussi d'Euripide, *Les Troyennes,* vv. 271-273:

ΕΚΑΒΗ: τί δ' ἁ τοῦ χαλκεομήστορος ῞Εκτορος δάμαρ,
            ᾽Ανδρομάχα τάλαινα, τίν' ἔχει τύχαν;
ΤΑΛΘΥΒΙΟΣ: καὶ τὴνδ' ᾽Αχιλλέως ἔλαβε παῖς ἐξαίρετον.
("HECUBE: Et l'épouse d'Hector, du preux bardé d'airain, la malheureuse Andromaque, quel est son destin? -TALTHYBIE: Part de choix, elle aussi, le fils d'Achille l'a prise").

vv. 1318-21: cf. Garnier, *La Troade,* vv. 1833-1836, 1827, 1831-1832.

vv. 1319-1320: cf. Racine *Andromaque,* vv. 378-379.

v. 1383: Eole fut le fils de Poséidon, maître des vents.

v. 1393: privé des rites funéraires nécessaires, l'esprit d'Astianax n'aurait pu se reposer. Cf. l'*Iliade,* XXIII, vv. 71 et ss..

v. 1400: cf. Sénèque, *Les Troyennes,* v. 1117: "Sic quoque est similis patri" ("Dans cela aussi il ressemble à son père").

v. 1409: "traits" = "flèches".

vv. 1411-1414: cf. Garnier, *La Troade,* vv. 1953-1960.

v. 1415: cf. Garnier, *La Troade,* v. 1961: "Enfant, où que tu sois souviens-toy de ta mère".

v. 1421: allusion à la troisième scène du deuxième acte.

v. 1422: cf. Garnier, *La Troade,* v. 1964; Euripide, *Andromaque,* vv. 510-512.

vv. 1428-1436: cf. Garnier, *La Troade,* vv. 1973-82 (cf. Euripide, *Les Troyennes,* vv. 1194-1202).

v. 1437: Andromaque craint qu'on ne lui présente le corps mutilé de son fils.

v. 1452: écho probable de la célèbre déclaration d'Enée (*Enéide*, II, v. 3).

v. 1478: Mégère fut une des trois Erinyes, assimilées aux Furies par les Romains. Elles avaient pour fonction de châtier les crimes (*infra*, la note au v. 1591), mais semblent être envisagées ici seulement dans leur rôle de déesses infernales.

vv. 1491-1493: cf. Sénèque, *Les Troyennes*, v. 1154: "novumque monstrum est Pyrrhus ad caedem piger" ("et, prodige nouveau, Pyrrhus est lent à frapper").

v. 1510: allusion à la mort de Priam (*supra*, v. 409).

vv. 1537-1544: voir l'Introduction, pp. vii-viii.

v. 1560: "et te nie un tombeau" - voir l'Introduction, p. xiv.

vv. 1562-1564: allusion possible au sort de Pâris (voir *supra*, la note aux vv. 225-228). Dans ce cas, ce serait bien ironique, étant donné le sort qui attendait ce prince, source de tant de maux.

vv. 1579-1582: cf. Garnier, *La Troade*, vv. 2288-2290:
Je luy tire les yeux de mes mains violentes,
J'égorge ses enfans, et de leur mourant cœur
Je luy batte la face appaisant ma rancœur.

v. 1591: allusion aux Furies, qui punissaient les criminels en les faisant mordre par des serpents.

v. 1636: "metail". Inversement, on écrivait parfois "jallir" au lieu de "jaillir". Voir le v. 264.

v. 1661: le texte porte "puis qu'*ils* vous reste encore".

vv. 1663-4: écho probable de Garnier, *La Troade*, vv. 673-4, Sénèque, *Les Troyennes*, v. 472, Euripide, *Les Troyennes*, vv. 702-5 (il s'agit dans ces textes d'Astyanax - cf. Sallebray, v. 520).

vv. 1667-70: cf. les mots d'Andromaque chez Garnier, *La Troade*, vv. 629-630, et Sénèque, *Les Troyennes*, vv. 418-420.

v. 1698: voir l'Introduction, p.xxx n. 54.

vv. 1753-1756: cf. Racine, *Andromaque*, vv. 229-230, 285-288, 327-332.

v. 1770: "un Prince de ta race". Polymestor invoque ainsi Arès (Mars), le "Puissant Dieu des combats". On associait Arès avec la région de Thrace (p. ex. Homère, *Iliade*, XIII, v. 298, *Odyssey*, VIII, v. 361). Dans la légende, ce dieu était père d'un roi thracien, Diomède, celui qui possédait les chevaux homicides qu'Hercule a domptés (Apollodore II, 96). Voir L.R. Farnell, *Cults of the Greek states*, Oxford, 1909, t.V pp. 399 et ss.. Voir aussi la note au v. 948.

v. 1792: cf. Euripide, *Hécube*, vv. 13-15, Garnier, *La Troade*, vv. 2540-2542.

v. 1795: référence probable à l'idée du suicide indiquée dans les vv. 1037-1038.

vv. 1796-1798: cf. Garnier, *La Troade*, vv. 2549-2550 et Euripide, *Hécube*, vv. 21-22).

vv. 1819-1820: à l'encontre d'Euripide et de Garnier, Sallebray supprime l'assassinat des enfants de Polymestor. Voir l'Introduction, p. xxvi.

v. 1854: "le maitre à qui je suis" = Ulysse. Hécube rappelle à Agamennon qu'il n'est pas libre de disposer de son sort.

vv. 1867-1870: Sallebray semble cultiver le même genre d'ironie qu'Euripide. Voir *Hécube*, vv. 1289-1290, où Agamemnon

prévoit un heureux retour en Grèce.
Selon la légende, la plupart de la flotte grecque fut détruite dans une grande tempête. Agamemnon parviendra à retourner chez lui - avec les résultats que l'on sait.

v. 1871: "chans de Cygne": les cygnes étaient censés chanter à l'approche de la mort (Platon, *Phédon*, 84e). L'image est appliquée à Cassandre elle-même dans l'*Agamemnon* d'Eschyle (vv. 1444-1445).

v. 1876: cf. v. 304: "Nous nous dirons bien tost un eternel adieu". La boucle est bouclée.

TABLE DES MATIERES

LA TROADE

TEXTES LITTERAIRES

Titres déjà parus